改革开放进程中的经济学家学术自传

张卓元　高培勇　主编

张卓元学术自传

张卓元◎著

ACADEMIC AUTOBIOGRAPHY OF ZHANG ZHUOYUAN

SPM

南方出版传媒

广东经济出版社

·广州·

图书在版编目（CIP）数据

张卓元学术自传 / 张卓元著. —广州：广东经济出版社，2020.3

（改革开放进程中的经济学家学术自传）

ISBN 978-7-5454-6687-4

Ⅰ. ①张… Ⅱ. ①张… Ⅲ. ①张卓元—自传 ②经济学—文集 Ⅳ. ①K825.3 ②F-53

中国版本图书馆CIP数据核字（2019）第064731号

出 版 人:李 鹏

责任编辑:刘 倩

责任校对:陈运苗

责任技编:陆俊帆

张卓元学术自传

ZHANG ZHUOYUAN XUESHU ZIZHUAN

张卓元 著

出版发行	广东经济出版社（广州市环市东路水荫路11号11-12楼）
经销	全国新华书店
印刷	恒美印务（广州）有限公司 （广州市南沙济技术开发区环市大道南路334号）
开本	787毫米×1092毫米 1/16
印张	12.75
字数	130千字
版次	2020年3月第1版
印次	2020年3月第1次
书号	ISBN 978-7-5454-6687-4
定价	88.00元

广东经济出版社网址：http://www.gebook.com 微博：http://e.weibo.com/gebook

图书营销中心地址：广州市环市东路水荫路11号11楼

电话：（020）87393830 邮政编码：510075

如发现印装质量问题，影响阅读，请与承印厂联系调换

广东经济出版社常年法律顾问：胡志海律师

《改革开放进程中的经济学家学术自传》丛书

编辑委员会

《改革开放进程中的经济学家学术自传》丛书分册名录

（按姓氏音序排列）

1.《白重恩学术自传》
2.《蔡昉学术自传》
3.《常修泽学术自传》
4.《陈东琪学术自传》
5.《陈锡文学术自传》
6.《迟福林学术自传》
7.《樊纲学术自传》
8.《范恒山学术自传》
9.《房维中学术自传》
10.《高培勇学术自传》
11.《高尚全学术自传》
12.《郭克莎学术自传》
13.《洪银兴学术自传》
14.《黄达学术自传》
15.《黄群慧学术自传》
16.《贾康学术自传》
17.《江小涓学术自传》
18.《金碚学术自传》
19.《李实学术自传》
20.《李晓西学术自传》
21.《厉以宁学术自传》
22.《林兆木学术自传》
23.《刘诗白学术自传》
24.《刘世锦学术自传》
25.《刘树成学术自传》
26.《刘伟学术自传》
27.《马建堂学术自传》
28.《彭森学术自传》
29.《宋晓梧学术自传》
30.《田国强学术自传》
31.《王梦奎学术自传》
32.《王一鸣学术自传》
33.《魏杰学术自传》
34.《魏礼群学术自传》
35.《乌家培学术自传》
36.《吴敬琏学术自传》
37.《杨瑞龙学术自传》
38.《张军学术自传》
39.《张军扩学术自传》
40.《张晓山学术自传》
41.《张燕生学术自传》
42.《张宇燕学术自传》
43.《张卓元学术自传》
44.《赵人伟学术自传》
45.《郑新立学术自传》
46.《周叔莲学术自传》

总　　序

Preface

盛世出华章。中国的改革开放是一场波澜壮阔、前无古人的伟大社会变革，也将是世界经济发展史上的瑰丽篇章。中国经济学家在这场伟大变革中，或贡献了智力，或参与了实践，无论是参政建言还是学术构建，均厥功甚伟。

在我们先后迎来改革开放40周年和中华人民共和国成立70周年之际，为了记录并彰显中国经济学家的历史贡献，为中国特色社会主义事业进一步发挥智慧的力量和作用，同时借以勉励后学筑梦前行，我们组织并编辑了这套《改革开放进程中的经济学家学术自传》丛书。

这套丛书的出版设想，最初由广东经济出版社提出。在此之前，得力于中国社会科学院经济研究所张卓元教授等的大力支持，该社曾于2009年编辑出版《影响新中国60年经济建设的100位经济学家》丛书。那套丛书产生了良好的社会反响，也获得了较高的学术评价。弹指一挥间，又是一个十年，共和国迎来了70华诞，改革开放也逾40周年。在这样一个特殊的背景下，广东经济出版社邀请张卓元教授和高培勇教授领衔，由《经济研究》编辑部具体负责，组织、编辑一套集中反映改革开放进程中的经济学家学术探索和心路历程的丛书。

认识到这是一件颇具眼光、很有意义的事情，于是，便有了读者眼前这套《改革开放进程中的经济学家学术自传》丛书编辑出版工作的启动。

中国经济改革与发展的伟大实践，为中国经济学家的成长提供了肥沃的土壤。要从这些灿若繁星的经济学家中推选出大家比较公认的富有影响力的经济学家，并不容易。怎样推选？推选多少？具体标准是什么？如何约稿？丛书的体例又该如何把握？这一系列相关问题接二连三地提至我们面前。

为此，在初步拟订编辑出版方案的基础上，由张卓元教授和高培勇教授主持，邀请部分专家召开了小范围的论证会议，就组建丛书编辑委员会以及丛书编辑出版的一系列相关问题听取意见，进一步完善方案。

紧跟着，2017年6月25日，丛书编辑委员会会议在北京举行。出席会议的委员共有19位（按姓氏音序排列）：白重恩、常修泽、陈东琪、陈锡文、迟福林、高培勇、郭克莎、黄群慧、金碚、李晓西、刘伟、彭森、宋晓梧、田国强、魏礼群、吴敬琏、张军扩、张燕生、张卓元。因故请假、提供书面意见的委员有10位（按姓氏音序排列）：蔡昉、曹远征、贾康、李实、李扬、厉以宁、林毅夫、刘世锦、钱颖一、张军。

这次编辑委员会会议就如下一些重要问题形成了高度共识：

第一，关于丛书的意义。委员们高度认可丛书的编辑出版工作，认为这是一项富有重要历史和现实意义的出版工程。

第二，关于丛书入选者的标准和数量。委员们认为应本着宁缺毋滥、质量为先原则，以对改革开放事业的某个特定领域做出实质性贡献或产生实质性影响的经济学家为重点，入选者宜掌握在60位左右。

第三，关于丛书的体例。基于凸显学术价值和史料价值的考虑，委员们认为学术自传宜涵盖作者的学术成长历程、作者对改革开放事业某个特定领域的研究成果和学术贡献、作者对特定领域改革前景的展望等方面内容。

第四，关于丛书的读者对象。委员们认为应主要面向青年学者以及学生，谈人生经验、述理想情怀，激励广大青年学者和学生确立奋斗的目标、发展的方向和成功的路径。

第五，关于丛书的文风。委员们主张学术自传应具有较强的理论性、学术性，同时文笔流畅、深入浅出，具有一定的可读性。

在经过充分讨论形成的候选经济学家名单基础上，与会委员按照获得半数以上多数票入选的规则，以无记名投票方式表决确定了65位入选者。

会议还决定，请因故请假的委员继续对候选经济学家名单通讯投票，并根据此项流程的统计结果，提请全体编辑委员会委员再进行一次通讯评审，最终确定丛书入选者为68位。

由此产生的《改革开放进程中的经济学家学术自传》丛书入选作者为（按姓氏音序排列）：白重恩、蔡昉、曹远征、常修泽、陈东琪、陈清泰、陈锡文、迟福林、樊纲、范恒山、房维中、高培勇、高尚全、郭克莎、郭树清、韩俊、洪银兴、华生、黄达、黄群慧、贾康、江小涓、金碚、李剑阁、李京文、李实、李晓西、李扬、厉以宁、林毅夫、林兆木、刘国光、刘鹤、刘诗白、刘世锦、刘树成、刘伟、隆国强、楼继伟、马建堂、彭森、钱颖一、宋晓梧、田国强、王梦奎、王一鸣、魏杰、魏礼群、乌家培、吴敬琏、吴晓灵、杨启先、杨瑞龙、易纲、余永定、张军、张军扩、张维迎、张晓山、张燕生、张宇燕、张卓元、赵人伟、郑新立、周其仁、周叔莲、周小川、朱玲。

在确定入选者名单之后，《经济研究》编辑部立即展开了组稿工作，共有46位入选者接受约稿。在这一过程中，入选的经济学家或其家属、秘书、好友等，对我们的工作给予了热情的支持，在百忙之中积极准备所需要的文献，其认真精神令人感动。应该说，没有他们的积极响应和大力支持，这套丛书是难以按时按质完成的。

由于入选的经济学家大多是名人、忙人，有一部分老作者也已年届九十高龄，约稿的工作量及其难度可想而知。一些作者提出暂不能写作，这多少令我们感到些许遗憾。其间也有许多感人的情景要告诉读者们：常修泽先生于2018年夏天在吉林延边的一个小镇闭门两三个月专事自传写作，在整个写作过程中数十次与编辑部和出版社沟通，包括内容完善、结构设计和一些合理性建议等诸多细节，并且在约定期限内交稿给编辑部；九十五岁高龄的黄达教授在写作过程中十余次通过电话或电子邮件与编辑部讨论写作重点和风格；乌家培、林兆木、王梦奎等老先生也是不厌其烦，反复就文字沟通润色；周叔莲先生在去世前一周还给编辑部打电话，告诉编辑自己已经基本完成了书稿的写作，并详细介绍了自己的写作过程和感想，我们至今忆此仍为之动容。在这些难得的沟通中，我们一次次被感动。

随着此套丛书的陆续编辑出版，我们越来越强烈地体会到了这项工作的意义和价值:

入选这套丛书的作者，系改革开放进程中的经济学家，他们的知名度较高，社会影响较大。这套自传体丛书，是对他们的代表性研究成果、学术贡献、成长历程及人格魅力的一个集中展示。对于广大读者特别是青年学子来说，这无疑是一个难得的学习、了解我国经济理论和现实问题的机会。

这些经济学家在各自的学术领域都是佼佼者或领军者，他们学术素养深厚、学术成就卓越。他们在自传中大多以第一人称娓娓道来，讲述了自己的家国情怀与学术成长经历，为记录我国改革开放历程留下了第一手资料。从经济史和思想史的角度看，这应该是非常有史料价值的研究文献。

众多大家的纸上风华，既映射出中国改革开放40多年取得的巨大成就，也是对中国改革与发展经验比较系统的总结。正如习近平总书记所指出的:“从我国改革发展的实践中挖掘新材料、发现新问题、提出新观点、构建新理论，加强对改革开放和社会主义现代化建设实践经验的系统总结，加强对发展社会主义市场经济、民主政治、先进文化、和谐社会、生态文明以及党的执政能力建设等领域的分析研究，加强对党中央治国理政新理念新思想新战略的研究阐释，提炼出有学理性的新理论，概括出有规律性的新实践。这是构建中国特色哲学社会科学的着力点、着重点。”应该说，本套丛书的作者们用生动而精彩的人生与学术追求，践行了这一重要要求。

这套丛书的编辑出版与《经济研究》编辑部各位同仁的努力也是分不开的。他们通过电话、短信和邮件等方式不断地与作者或其家人、秘书等进行沟通。参加组稿和审稿工作的人员有：郑红亮、刘霞辉、张永山、唐寿宁、王利娜、谢谦、金成武、孙三百、陈小亮、欧宏、王红梅、刘莹、曹帅。

广东经济出版社的领导和编辑在本丛书的出版过程中也做了大量的工作，正是有了他们的努力，这套丛书才能得以顺利与读者见面。

特别值得一提的是，这样一套组织工作浩繁的大型丛书，见证了《经济研究》编辑部与广东经济出版社值得称道的团队合作精神。编辑部的张永山、王红梅同志和广东经济出版社的编辑团队从始至终为丛书的组织沟通、约稿、文稿整理付出了大量的心血，他们的耐心和一丝不苟的敬业精神令人称道。

这套丛书就此付梓了，回望中国改革开放的辉煌岁月，携手丛书作者对祖国的拳拳心路与期待，我们略感欣慰！但由于时间仓促，加之我们的水平有限，书中的不足和错误之处在所难免，敬请广大读者批评指正。

《改革开放进程中的经济学家学术自传》丛书编辑委员会

2019年10月

作者简介

张卓元

男，1933年7月生，广东省梅县人。

1944年9月至1950年7月在广东省梅县梅州中学学习；1950年9月至1953年7月在广州市中山大学经济系学习；1953年9月因全国高校院系调整转到武汉市中南财经学院经济系学习；1954年7月于武汉市中南财经学院经济系毕业，1954年9月分配到中国科学院（后为中国社会科学院）经济研究所工作。先后任中国社会科学院经济研究所研究实习员、助理研究员、副研究员、研究员，《经济研究》编辑部编辑、副主任、主任。1976年底至1978年底被临时借调到《红旗》杂志经济组工作2年。1983年7月调到中国社会科学院财贸经济研究所任所长、研究员、博士生导师以及《财贸经济》主编。1993年12月调到中国社会科学院工业经济研究所任所长、研究员、博士生导师。1995年9月至1998年10月调到中国社会科学院经济研究所任所长、研究员、博士生导师以及《经济研究》主编。现为中国社会科学院经济研究所研究员，中国社会科学院学部委员。

主要业务专长：政治经济学、价格学。

主要社会兼职：第九届、第十届全国政协委员，第三届（1995—1998年）国务院学位委员会委员兼理论经济学学科评议组成员，中国价格协会、中国城市经济学会、中国城市发展研究会顾问，中国成本研究会名誉会长，中国（海南）改革发展研究院学术委员会副主任，孙冶方经济科学基金会荣誉理事长，国家哲学社会科学研究专家咨询委员会委员。

1990年被评为国家级有突出贡献的中青年专家。1991年7月被评为获政府特殊津贴的专家。曾获孙冶方经济科学奖论文奖、著作奖，薛暮桥价格研究奖，第三届中国出版政府奖图书奖，中国社会科学院优秀成果奖和二等奖，吴玉章人文社会科学终身成就奖。

出版专著10部、个人论文集12部，发表论文500多篇，主编著作和丛书10多部，个人著述共约300万字。

经济理论观点和政策主张主要是："文革"前主张生产价格论，认为资金利润率是评价企业经济效益的综合指标；认为恩格斯早年提出的"价值是生产费用对效用的关系"是一个正确的命题；研究和系统论述孙冶方对中国经济改革和中国经济学的贡献；提出稳中求进的改革和发展思路，被认为是中国经济学家中的稳健改革派代表之一；主张和坚持市场取向改革，认为社会主义市场经济论是改革开放的主要理论支柱；主张加快国有企业特别是中央企业改革步伐，研究中国国有企业改革经验；主张坚持市场化价格改革，探索中国价格改革的规律性；主张加快政府改革，转变政府职能；从多方面论证中国经济转为质量效益型的必要性及紧迫性；提出中国经济改革两条主线论；研究新中国经济学史并取得初步成果。

迄今，已指导2名研究生获得经济学硕士学位，近40名研究生获经济学博士学位。

自序

我1978年底从《红旗》杂志经济组回到中国社会科学院经济研究所继续从事《经济研究》编辑工作时，正值中国开始改革开放，迎来了经济科学研究的火红年代。转眼间，已是40年。这40年，是中国发生翻天覆地变化的40年。改革开放使中国迅速摆脱贫穷落后的面貌，大步追赶现代化潮流，跻身世界经济大国行列，国内生产总值（GDP）从1978年占世界经济总量的1.8%，跃升至2017年的15.3%，稳居世界第二大经济体地位。与此同时，以经济建设为中心使经济学成为最耀眼的显学，经济科学呈现一片繁荣景象。我有幸作为40年改革开放的亲历者，做过经济学权威杂志的编辑，做过中国社会科学院经济研究机构的领导，做过一些经济学课题的牵头人，参加过党的重要文件的起草工作，参加过中央领导同志召开的经济形势分析等会议，到过一些城市和农村调研包括跟随中央领导同志到地方调研，到国外考察并与外国学者进行交流，还经常出席各种研讨会并发言，著书立论，建言献策，等等。我智商不高，水平有限，还算勤奋，主要是碰上改革开放大好时光，也就取得了一些研究成果，为中国的社会主义现代化建设贡献微薄的力量。

本书所写的正是我在改革开放40年间做经济研究工作的一些成果，这些成果我自认为还是有一点点贡献的。中国改革开放是十几亿中国人在中国共产党领导下进行的伟大斗争，其丰功伟绩是十几亿中国人共同创造的，个人的贡献只有汇合在滚滚的革命洪流中才能发挥作用，所以不能过高估计自己的智慧和能力。

还有，我年龄已八十有五，精力大不如前，尽管还有点雄心，还在继续阅读一些经济学文献资料，思考一些经济问题，还在写点文章，但效率不断递减是客观事实。我只希望本书内容以后还有机会能继续有所补充，希望自己能作出一些新的成果，能在现有的基础上有所前进！

最后，衷心感谢广东经济出版社在1年多前就提出要组织亲历改革开放的经济学家对自己的研究成果进行归纳整理，记录这一伟大变革时期的动人情景和留下的历史痕迹。现在这一设想正在逐步实现。这是一件大好事，对进一步推进改革开放以及研究中国经济学的发展是有用的。《经济研究》编辑部郑红亮、张永山、王红梅等同志做了许多具体工作，在此一并致谢！

张卓元

2018年9月于北京

目录

壹

学术自传

2006年7月与我指导的部分博士合影

我自1954年秋大学毕业后分配到中国科学院（后为中国社会科学院）经济研究所从事经济研究和编辑工作，至今已有60多个春秋。其间：1983—1993年在财贸经济研究所从事流通经济研究工作，着重研究中国价格改革问题；1993—1995年在工业经济研究所着重研究中国国有企业改革问题。而在经济研究所期间，则较多地研究基本经济理论、经济体制改革理论和宏观经济政策问题。目前已出版专著10部、个人论文集12部，主编著作和丛书10多部，个人著述共约300万字。2006年荣获“中国社会科学院学部委员”称号。我还带出了近40位经济学博士和2位硕士。现在年过85岁，仍在做一些力所能及的工作，继续为国家的社会主义现代化建设尽绵薄之力。

从1993年夏开始，我参加过13次中央文件（其中11次为党代表大会报告和中央全会文件）的起草工作，包括党的十五大、十六大、十七大报告和党的十四届三中全会、十六届三中全会、十八届三中全会等中央文件的起草工作。参加中央文件的起草工作，是非常难得的学习机会，能够更深入地到地方调研，看到大量的参阅资料，获得许多信息，更好地掌握中国国情，了解中央重大战略、方针政策出台的背景和根据，以及党对建设中国特色社会主义，对社会主义现代化建设规律的探索。与此同时，还能在工作和讨论过程中，提出自己的见解和建议。每起草完一次文件，我都会写文章谈学习心得，宣传文件精神，并尽可能从理论上进行论证和发挥。在我已发表的文章中，此类文章占了相当大的部分。

下面拟就我60多年来发表的主要涉及经济改革的理论观点和政策主张作一简要介绍，就教于广大读者和经济学界同仁。

一 “文化大革命”前主张生产价格论，认为资金利润率是评价企业经济效益的综合指标

（一）“文化大革命”前关于生产价格论的讨论和“文化大革命”中的挨批

中国经济学界1963—1965年展开了关于主张和反对生产价格论的大讨论，我和何建章在《经济研究》1964年第5期中联名（当时我使用笔名“张玲”）发表《试论社会主义经济中的生产价格》一文，从理论上系统地论述了社会主义经

济中存在生产价格的客观必然性，以及实行以生产价格为基础定价的重要意义和积极作用。我支持孙冶方的主张（孙冶方那时没有写出这个问题的系统性论文，孙冶方的系统性论文形成于1964年8月，题目是《在社会主义再生产问题座谈会上关于生产价格问题的发言提纲》）和杨坚白的观点（杨坚白在《经济研究》1963年第12期上发表论文主张生产价格论，但随即遭到一些经济学家的批评），对反对生产价格论的批评进行反批评，由此引发了一场更为广泛的争论。在争论中，我和孙冶方、杨坚白、何建章一起成为主张生产价格论的代表人物。生产价格论实际上是对传统的无视资金运作效果的计划经济体制的挑战，也是对传统的否定"利润""资金利润率"概念的社会主义经济理论的挑战。在"文化大革命"中，生产价格论被诬蔑为主张利润挂帅反对政治挂帅的"大毒草"。现在看来，生产价格论的提出和讨论，实际上是对传统的社会主义价格理论和价格体制的一个冲击。此次前哨战，对帮助人们从传统的社会主义经济理论禁锢中逐步解脱出来有一定的启迪作用。

1964年的文章首先论述了社会主义经济中存在生产价格的客观必然性。认为社会主义经济中生产价格的形成，是受物质技术条件（主要是对劳动者的物质技术装备程度）在社会主义生产过程中起着日益重要的作用和社会主义社会化大生产的经济条件制约的。

为了在经济上承认物质技术条件在社会主义经济中的作用，要求价值转化为生产价格，以便通过生产价格使国民经济各部门创造的剩余产品不是完全按照各部门活劳动耗费的多少，而是按照各部门的物质技术条件即资金占用量的多少进行分配。这样，物质技术条件较好、资金占用量较多的部门将获得较多的利润，体现了社会承认这些部门在提高社会劳动生产率方面的贡献。

在社会主义社会化大生产条件下，在整个国民经济各部门之间，在每一个部门内部各生产单位之间，都产生了纵横交错和千丝万缕的联系。这样，任何产品的社会劳动消耗水平，任何部门的必要劳动和剩余劳动的比例，都是直接或间接地同其他生产部门的劳动生产率有关；而全社会劳动生产率的提高，产品社会劳动消耗水平的降低，剩余产品率的提高，则是同全社会所有生产部门物质技术基础的提高、基本建设投资的增加分不开的。这就要求社会在通过价格评价各种产品的时候估计到这种情况。但是在产品按价值定价的时候，由于社会或其他生产部门改善物质技术条件、增加投资而带来的对产品社会劳动消耗水平的影响，就不能得到应有的反映。为了正确反映这种影响，价格就应当以生产价格为基础。

2004年8月于玉泉山

1964年的文章指出，社会主义经济中利用生产价格有以下积极作用。第一，有利于扩大再生产的顺利进行。生产价格可以为社会有计划地再分配不同部门的剩余产品，为社会正常的扩大再生产和各部门本身正常的扩大再生产提供一个合理的基础和出发点。第二，生产价格能够把生产单位的经济效果同社会的经济效果结合起来，从而有助于人们合理地选择生产和投资方案，提高经济效果。第三，生产价格有利于促进企业、部门和整个国民经济采用新技术，从而有利于技术进步及劳动生产率提高。第四，生产价格既然排除了各部门资金有机构成和周转速度上的差别对利润率的影响，保证同额资金获得同额利润，就提供了一个评比不同部门、不同企业经营管理水平的综合性指标——资金利润率，从而有利于正确处理不同部门和不同企业之间的关系。第五，按生产价格定价，以资金利润率作为衡量各部门与企业经济活动效果和经营管理水平的综合指标，有利于促进各部门、各企业努力节约劳动耗费，节约占用的生产资金，既关心减少劳动消耗的效果，又关心减少资金占用的效果，力求消耗最少的劳动和占用最少的资金，来取得最大的经济效果。

生产价格论一提出，就受到政治批判。比如有的批判文章说："平均利润和生产价格，完全是资本主义社会生产关系的产物，是资本主义经济特有的范畴。"[①]在"文化大革命"前夕和"文化大革命"期间批判孙冶方的经济学观点时，更把孙冶方的资金利润率和生产价格论说成是反对政治挂帅，要把社会主义经济引上资本主义的邪路，把孙冶方说成是"中国经济学界最大的修正主义分子"。

① 何桂林等：《生产价格不能成为社会主义价格形成的基础》，《经济研究》1964年第4期。

（二）改革开放初期对生产价格论的研讨

“文化大革命”结束后，特别是1978年底党的十一届三中全会决定实行改革开放后，经济学界继续讨论生产价格和资金利润率问题。这次是当作学术问题进行讨论了。在讨论中，有较多的经济学家赞成生产价格论，例如在根据1979年全国第二次经济理论讨论会（主题是“社会主义经济中价值规律作用问题”）选编的《社会主义制度下价格形成问题》（中国社会科学出版社1980年版）中，就有张维达教授等撰写的五六篇赞成生产价格论的文章，同时也有不同意生产价格论的文章，但都是正常的学术讨论。我和何建章、邝日安等也继续发表文章，继续阐发生产价格论和平均资金利润率论。其中，《社会主义经济中资金利润率和生产价格问题》刊登在《经济研究》1979年第1期，《经济体制改革要求以生产价格作为工业品定价的基础》刊登在《中国社会科学》1981年第1期。

在改革开放初期关于价格形成问题的讨论中，由于讨论各方均承认产品的社会成本是产品价格的基础，争论的焦点在于价格的另一形成要素利润应如何确定，主要有三种不同意见。第一种主张按部门平均工资利润率确定，实际上是主张按产品价值定价；第二种主张按部门平均成本利润率确定；第三种主张按社会平均资金利润率确定，实际上是主张按生产价格定价。我们的观点属于第三种。

（三）若干评论

我在“文化大革命”前和改革开放初期主张的生产价格论和以资金利润率作为评价企业经济活动效果的综合指标，都是以实行计划经济体制和计划价格体制为前提的。而在实行计划经济体制和计划价格体制的情况下，既没有部门内部的竞争，也没有部门之间的竞争，这就使生产价格论没有内在的实现机制，也就是说在实际中是不可能做到的。试想一下，在计划价格体制下，产品价格是由政府来制定和调整的。根据国内外经验，一种产品要调整价格，立项一年，调研一两年，协调和最后决策一年，总之没有三五年是不行的。但是，在技术进步快速、社会供求关系不断变化的条件下，产品价格即使一时理顺了，很快也会变得不顺，又出现扭曲。所以，在计划价格体制下，各种产品的价格关系必然是扭曲的，既不能很好地反映劳动消耗的变化，也不能很好地反映供求关系的变化。所以，必须改革计划价格体制，放开价格，让价格回到市场交换中去形成，引入竞争机制，实现由行政定价体制向市场价格体制转换，生产价格才能真正成为现实的客观经济过程。基于这一点认识，20世纪80年代中期以后，我已不再撰写生产价格论方面的文章，而致力于研究中国价格改革问题，认为只有改革计划价格体制，才能从根本上理顺价格关系。

这里说一个佐证。1987年，国务院经济技术社会发展研究中心产业政策研究组写了一篇文章叫《资源最优配置与决策价格体系》，发表在《成本与价格资料》1987年第20期上。文章主张采用决策价格体系作为价格改革的目标。我和我的研究团队认为这是不可取的。在由我主编，于1990年由中国社会科学出版社出版的《中国价格模式转换的理论与实践》（第48~49页）中，进行了如下批评：

“所谓决策价格体系，主张者认为是一套使企业行为决策符合资源最优配置的价格体系。问题是，这套价格体系不是在市场中形成的，而是通过人们有计划地借助各种测算参数计算出来的，类似世界银行和联合国工业发展组织建议在发展中国家里推行的，在投资项目评价中使用的一套以世界市场形成的比价为基础的影子价格，这种影子价格中国国家计委也决定在重大投资项目评价等方面试行。这种计划核算价格体系，虽然以世界市场价格为基础，但它毕竟是一种影子价格而非实际价格，不像实际价格那样随着市场供求关系的变化而变化，从而不可能在实际生活中经常而广泛地发挥调节生产、流通和消费的作用。决策价格对于重大国家投资项目的估算，对于进出口结构的合理调整，对于税率、汇率的合理调整等，有重要意义，但它适用的范围是有一定限制的，有的专家估计其覆盖面只及国民生产总值的6%～8%或总投资的20%～25%。因此，对这种价格体系的功能和适用范围不能估计过高，它不能成为我们推进价格改革的主要思路。如果把它作为价格改革的主要思路，认为它能覆盖全社会或全部投资，那就既不现实，更不符合我们的改革方向。

“其之所以不现实，是因为决策价格体系不能规范个人、集体和企业的经济活动。每个人在购买商品时，当然是按现价交易，而不会是按决策价格交易的，否则买卖双方总有一方不愿意和吃亏。个人如此，集体也是如此。企业在购买原材料和销售产品时，也不会是按决策价格交易的，否则这种交换活动也不可能发生。在价格关系扭曲的今天，决策价格体系只对评价大中型企业的经济活动效益有重要参考价值。

“我们改革传统经济体制，是要建立有计划商品经济的新体制。因此，逐步放开价格，缩小国家统一定价的范围和比重，扩大市场调节价格的范围和比重，是价格改革的大方向，是价格模式转换的主要内容。而按照完善计划价格的思路，实际上是绕开市场使现行价格向核算价格靠拢。这是同按商品经济原则转换价格形成机制的要求背道而驰的。只有让价格在市场中形成，才能使价格及时灵敏地反映资源的稀缺程度和供求关系，从而发挥市场机制对改善经济管理和优化资源配置的积极作用。

“总之，今后价格改革，仍应以有宏观控制的市场定价作为目标模式，逐步放开价格，逐步从行政定价体制向市场定价体制过渡。”

我在“文化大革命”前和改革开放初期一再主张生产价格论，更多的是从按生产价格定价的必要性和合理性进行论证，而缺乏对社会主义经济中价值转化为生产价格即市场竞争的内在机制的论述，因而是不充分和难以令人信服的。尽管如此，我仍然认为，当时主张和阐发生产价格论还是有其积极意义的，理由如下。

第一，揭露了当时的价格体制和价格政策是有问题的，价格体系是严重扭曲的。

第二，揭露了当时对经济活动特别是企业经济活动的评价标准是不合理的，是缺乏科学根据的。

第三，揭露了传统的计划经济体制存在种种弊端，不重视物质技术基础的作用，不重视技术进步，不利于提高劳动生产率，不利于提高经济效率。

第四，这是一次针对传统社会主义经济理论和体制机制的前哨战，对帮助人们从传统的社会主义经济理论禁锢中逐步解脱出来有一定的启迪作用。

二 较早主张转向市场价格体制，探索价格改革规律性

我在1983—1993年担任中国社会科学院财贸经济研究所所长期间，主要致力于研究中国价格改革问题。积之十年，我对中国价格改革问题作了比较系统的研究，提出了一些有社会影响的重要学术观点和政策主张，发表了不少论著，反复论述必须从根本上改革传统的行政定价体制，转向市场价格体制。

（一）认为价格改革是中国经济改革两条主线中的一条，并同贬低价格改革重要性的观点进行“指名道姓”的商榷

1987年初，我和我指导的博士研究生边勇壮合作写了《价格改革仍然是经济体制改革的关键》一文，发表在《成

本与价格资料》1987年第1期（本文还编入我的一本论文集《论中国价格改革与物价问题》，由经济管理出版社在1995年出版）。文章提出："价格改革和所有制改革是经济体制改革的两条主线。""经济体制主要包括两个方面即经济运行机制和所有制关系。经济体制改革的实质是经济运行机制的转轨和微观所有制基础的调整和重新构造。""近八年来，我国的经济体制改革就是沿着这两条主线向前推进的，进一步的改革也将沿着这两条主线逐步深化。随着所有制和运行机制的改革，国家对经济的管理也将发生深刻的变化，由直接管理逐步变为主要进行间接管理。"

我们之所以提出价格改革是经济改革的两条主线之一，是针对厉以宁教授此前写的文章，该文章认为价格改革是"层次很低"的改革，不能成为经济改革的关键。该文还说，所有制改革是改革的根本思路，经济改革的成功首先取决于所有制的改革，所有制改革是经济改革的关键[①]。我们认为，价格改革和所有制改革是中国经济改革的两条主线，同等重要，都是关键，不能只强调所有制改革而贬低价格改革。党的十二届三中全会通过的《中共中央关于经济体制改革的决定》明确指出："价格是最有效的调节手段，合理的价格是保证国民经济活而不乱的重要条件，价格体系的改革是整个经济体制改革成败的关键。"我们认为，这个论断是正确的。

厉以宁教授在上述文章中，不仅认为价格改革是层次很

---

① 厉以宁：《先改价格还是先改所有制选择哪个思路》，《世界经济导报》1986年11月3日第3版。

低的改革，而且还认为与所有制改革相比较，价格改革有十大弊端。对此，我们在文章中逐条进行商榷。现摘录如下：

“1. 厉以宁同志认为，价格改革给人们带来的是负心理效应，人们一听到价格改革，首先想到会失去什么，不可能积极配合价格改革。这种看法与实际情况不符。中国经济体制改革研究所1985年所进行的两次关于价格改革的社会心理反应的调查结果表明，在2000多名调查对象中，明确表示理解、支持价格改革的占大多数，超过或接近于四分之三。大多数居民认为，价格改革活跃了市场，以前买不到的东西现在可以买到了，以前要排大队买的东西，现在不用站队了，这实际上在一定程度内实现了消费者主权①。

“2. 厉以宁同志认为，价格改革对企业讲是被动的，企业采取‘磨’与‘混’的态度，进而影响效率。这并没有准确描述价格改革中的企业行为。企业扩权后，首先要求拥有定价权，大多数企业在产出品价格放开后，对投入品价格的上升并不在意。很难想象那些由于固定价格偏低所造成的产出利润很低的大中型国有企业会对价格改革抱有反感。

“3. 厉以宁同志说地方政府对价格改革顾虑重重，似乎也不切实际。城市放开蔬菜、肉类等农副产品价格改革就是由广东省政府积极推动进行的。大多数地方政府在城市农副产品价格改革中，减少了地方财政补贴。在我们所进行的一次调查中，安徽省政府领导专门举例说明，国家统一定价所造成的不合理的价格体系，严重阻碍了地区之间的横向联

① 中国经济体制改革研究所综合调查组编：《改革：我们面临的挑战与选择》，中国经济出版社，1986，第71~89页。

合。如江苏省有的企业到安徽抢购电石，安徽想放开电石价格，但国家物价部门不允许，结果迫使安徽省政府采用行政干预的办法，限制电石出省。

“4. 厉以宁同志认为，价格改革的结果是不确定的，无法预测。实际经验表明，大多数放开价格的产品，都会出现一定程度的买方市场，并在一定程度上增加供给或减少需求。我们放开价格的主要目的之一，就是让价格变动反映市场供求关系的变化，这个结果不是无法确定，而是一目了然。

“5. 厉以宁同志认为，价格改革不能解决根本性问题，它还不能调动积极性，充其量只能创造一个环境。这种说法贬低了价格改革的作用。我们知道，价格是资源配置的主要杠杆，是国民收入初次分配和再次分配的工具。前几年，如果农村只进行联产承包责任制的改革而不提高农副产品的收购价格，农民会有这样高的生产积极性吗？有了生产自主权的企业，哪种商品价格经过改革趋于合理，就积极生产哪种商品，这不是价格改革所调动的积极性吗？没有价格改革就没有经济运行机制的转轨，就没有市场协调和建立市场体系，而没有这一切，就谈不上转入有计划商品经济的模式。

“6. 厉以宁同志认为，价格改革是不能试点的，当它迈出一步后是不可逆的。这种说法也不完全。价格改革可以试点，浮动价格的推广就是从一部分机电产品于1979年8月1日起试点开始的。城市农副产品的价格改革也是从广东、武汉等省市试点后，逐步推广的。另外，价格改革是可逆的，而所有制改革是难逆的。从市场价格转到固定价格易如反掌。我国20世纪50年代末60年代初三年经济困难时期，一些高档消费品实行议价，议价比平价高几倍。随着经济困难的逐步克服，这些议价也逐步取消了，恢复为国家统一定价。1985年我们放开了大部分水果收购价，1986年各地又都在搞指导价，出现了演化成第二牌价的趋势。我们所担心的，恰恰不是什么价格改革的不可逆性，而是价格改革的可逆性。说价格改革具有不可逆性反而低估了价格改革的困难与曲折。实际上，新价格体制每时每刻都面临着退回旧体制的危险，尤其是当市场价格出现波动时，更增加了对价格重施行政干预的危险。

“7. 厉以宁同志认为，价格改革成本很大、收益较小。这里实际上存在着一个改革成本与改革效益之间的比较问题。成本是与效益相比而存在的。我们认为，改革的效益取决于改革对社会主义有计划商品经济的推动作用，而不能只用财政拿出多少钱来衡量。如何实现资源的有效配置是社会主义制度自诞生以来尚未成功解决的难题，价格改革为资源的有效配置创造了最基本的条件。价格改革的收益不仅在于为企业创造平等竞争的外部环境，而且在于通过促进市场体系的形成加快商品经济的发展。特别是在合理的价格体系的引导下，可以建立合理的生产结构和消费结构，提高整个社会的经济效益。这种效益是财政一时拿一些钱支持价格改革所不可比拟的。

“8. 厉以宁同志关于价格改革一经实施，其他改革就要停下来的观点，既缺乏实践证明，在理论上也难以成立。价格改革始终是与其他改革相并而进的。计划体制、物资统配体制的改革是价格改革的前提。1985年农副产品价格改革迈出较大步伐，同时工资制度也相应地进行了一些改革。八年来，价格改革一直在进行，而其他改革并没有因此而停顿下来。价格改革的最大难点是物价总水平的上涨幅度过大。造成物价总水平失控的主要原因是价格改革和金融、财政等经济调节器的改革或政策协调、配套不够。

"9. 厉以宁同志还认为，价格改革不能和政治体制改革、文化改革配套，而是孤零零的改革。我们且不说政治体制和文化意识形态由于作为上层建筑，在改革上有其不同于经济体制改革的目标和特点，仅就价格改革形成市场的作用而言，也是市场观念、价值观念、效益观念、竞争观念等，取代传统体制下形成的自然经济和产品经济观念的过程。

"10. 至于厉以宁同志讲的价格改革层次很低，不触及人际关系的观点，同前面他的一些看法近似。我们认为，价格改革与微观所有制基础的改革是在同一层次上。厉以宁同志认为，社会主义商品经济就是市场经济，市场调节是第一个层次的调节，但却认为价格改革层次很低，那么怎样理解市场调节与价格改革之间的密切关系呢？形成市场调节机制的改革能说成是层次很低的改革吗？"

（二）较早提出中国价格改革的目标是建立市场价格体制

我和我带领的价格研究团队（包括杨圣明、王振之、温桂芳、李晓西、边勇壮、石小抗等）在20世纪80年代中后期，确切地说是从1987年初开始，写了几十篇论文和几本专著，一直主张中国价格改革的目标是建立市场价格体制，并同主张用完善计划价格体制、实行浮动价格体制、采用决策价格体系等作为价格改革目标的观点进行商榷。我们知道，1984年10月党的十二届三中全会明确了社会主义经济是公有制基础上的有计划的商品经济，但是当时占主流地位的观点仍然是否定在社会主义条件下实行市场经济体制。1989年后，质疑改革开放以来的市场取向改革之声不小，有的甚至主张回到计划经济体制。所以，我们从1987年开始，一直坚持以市场价格体制作为价格改革的目标模式，同种种倒退主张争辩，做改革的促进派，从而产生了比较好的社会影响。下面，我要引用一些当年的主张作为证据。

1987年，我和边勇壮写的《价格改革仍然是经济体制改革的关键》[①]一文提出："当我们把建立在公有制基础上的有计划商品经济模式作为经济体制改革的目标时，建立与完善市场价格体系，扩展市场协调的作用就成为经济运行机制转轨的核心。"又说："在经济结构从而价格结构严重扭曲的条件下，在实现由固定价格向市场价格的转化过程中，物价总水平的上升是难以避免的。价格改革的这种风险并不会由于企业改革而减少。但是只要我们设计得好，步骤稳妥，特别是具有比较宽松的经济和社会环境，我们完全可以顺利地实现预定的目标。"

1987年4月中国社会科学出版社出版了我的专著《社会主义价格理论与价格改革》，其中第六章的标题是《价格改革的目标模式》，书中把价格改革的目标模式归结为价格体

① 载《成本与价格资料》1987年第1期。

制改革的目标模式并明确主张价格形成机制在一般情况下实行自由价格或市场价格，或者以它们为主要形式。

书中说："人们往往把价格改革的目标模式归结为价格体制改革的目标模式。而在价格体制改革中，主要又归结为几种价格形式（国家统一定价、浮动价和自由价）在国民经济中所占的比重。这是有道理的。因为现在人们越来越看得清楚，价格体系能否合理，主要取决于价格形成机制如何。如果不改变原来僵化半僵化的价格形成机制，价格体系是不可能合理化的。即使一时用行政手段使各部门取得大体相同的利润水平（如苏联1967年修订工业品批发价格时让各部门大体得到15%的平均资金利润水平），也是不能持久的，随着劳动生产率和供求关系的变化，很快又变为不合理了。相反，如果我们建立了一个能够比较灵活地反映劳动生产率和供求关系变化的价格形成机制，价格体系就能够逐步合理化。在这个意义上，把价格改革的目标模式主要归结为价格形式改革（即它们之间如何合理组合）的目标模式，是可以的，抓住了问题的实质所在。

"关于价格改革中价格形式目标模式的选择，目前在讨论中主要有三种意见。

"第一种意见认为，为了保证国民经济的有计划按比例的发展，今后仍应以国家统一定价为主，有幅度的浮动价格和自由（市场）价格为辅。

"第二种意见认为，我们实行的是有计划的商品经济，既要实行商品经济原则，又要实行计划原则，价格形成也不例外。因此，以计划浮动价或浮动价为主，部分产品仍实行国家统一定价和自由价，是比较恰当的。

“第三种意见认为，有计划的商品经济意味着商品经济是社会经济活动的基本形式，从而意味着要在计划指导下较多地采取市场协调的方式来调节经济的运行，与此相适应，就要较多地实行市场自由价格。在国家对社会总需求的增长进行有效管理，实现社会总供给和总需求的基本平衡，即对宏观经济进行有效调节，并且做到严格控制货币供应量的条件下，采取以市场价格为主，部分产品仍实行国家统一定价和浮动价，不会使市场和物价失去控制，也不会带来生产无政府状态和经济危机。

“我认为上述三种意见都是言之成理的。但作为长远的目标模式，我倾向于第三种意见。

“建立和完善社会主义市场体系，目的是使各项经济活动，特别是作为商品生产者和经营者的企业活力的发挥能有一个良好的外部经济环境。为此，关键在于改革价格制度，特别是使价格形成机制有利于发展竞争性的社会主义市场，有利于充分发挥市场机制的作用。而大家知道，自由价格或者市场价格正是发挥市场机制作用的较好形式。在商品经济条件下，自由价格或市场价格是它的自然的或不可或缺的价格形式，也是商品经济的内在规律——价值规律发生作用的前提条件。”“有计划的商品经济模式要求价格形成机制在一般情况下实行自由价格或市场价格，或者以它们为主要形式。”

由我主编和参与撰写的《中国价格模式转换的理论与实践》一书（中国社会科学出版社1990年出版），第二章就论述了价格模式转换的目标，其中第二节的标题是《从行政定价体制转变为市场定价体制》。书中说："为什么要实行市场定价体制？这首先是由社会主义经济的商品性决定的。经济体制改革的主题是发展社会主义商品经济，即对社会主义经济本性的确认。既然是商品经济，就要遵循商品经济的基本规律价值规律的要求，实行市场原则。价值规律是通过市场机制调节社会生产、流通、分配和消费的，调节社会经济生活的。而市场机制的作用是以价格根据市场供求关系的变化上下波动，向生产者、经营者和消费者发出信号，使他们作出有利的及合理的选择。可见，商品经济发展的规律要求价格在市场中形成。另一方面，从价格本身的含义来看，也只有实行市场定价体制，才能把价格关系理顺，改变扭曲状态。价格是商品价值的货币表现，是商品交换发展到一定阶段的产物，是在商品交换中即在市场上由买卖双方讨价还价形成的。有买卖，有交换，有市场，才有价格。价格体现了参加市场交换当事人买者与卖者的经济利益关系，是在剧烈的市场竞争中变动起伏的。商品供过于求，竞争主要在卖者中展开，买者力求杀价；商品供不应求，竞争主要在买者中展开，卖者力求抬价。亿万次的交换使价格成为买卖双方利益的暂时均衡点。由于商品的社会劳动消耗和供求关系是经常变化的，价格也应经常随之发生变化。但是，行政定价体制不可能很好地反映数以万计、十万计的商品的社会劳动消耗和供求关系的变化，只能使价格关系僵化，比价、差价不合理，并且长期得不到纠正。因此，要理顺过去由于实行行政定价体制而被扭曲了的价格关系，必须还价格的本来面目，让价格回到市场交换中去形成，逐步放开价格，实行市场定价体制。”本书荣获首届薛暮桥价格研究奖和中国社会科学院优秀成果奖。

需要指出的是，我们主张和坚持市场价格体制，对价格改革实践还产生了一定的社会影响。主要是，二十世纪八九十年代，中国价格学会（2000年更名为中国价格协会）很活跃，年年开会，讨论议题主要就是价格改革问题。而当时推行价格改革的主管部门国家物价局的局长刘卓甫、成致平、马凯等，都是当时中国价格学会的会长或负责人，我本人则长期担任副会长，负责具体工作的学会秘书长则是财贸所价格研究室主任王振之。因此，我本人和财贸所价格研究团队同国家物价局和中国价格学会有比较密切的联系，我们关于价格改革的主张和观点经常能反映到国家物价局负责人那里，他们也比较重视学界特别是中国价格学会年会上学者们的意见。而当时有些比较年轻的经济学家，已比较明确地表示要放弃行政定价体制，价格形成要充分考虑国内外供求状况。如有的文章提出，价格改革要“逐步从中央行政固定定价制度向计划指导的市场灵活价格过渡。……我们必须放弃行政集中定价制度。……定价的基本原则是，在符合国家政策法律的前提下，充分考虑国内外市场的供求情况”[①]。有的文章也提出：“自由价格在价格体系中的地位就是：自由价格将和浮动价格一齐构成价格体系的主要形式，并与一定量的固定价格作为稳定价格的支柱。”[②]这也可能是中国价格改革在那个时候走在各项改革前列的一个原因。

① 中国价格学会编：《价格论文选集》第三集，1985，第251~252页。

② 中国价格学会编：《价格论文选集》第三集，1985，第339页。

（三）明确主张工业生产资料价格双轨制应不失时机地向市场单轨制过渡

1990年，我与王振之、杨圣明等合作，写了《生产资料价格双轨制向何处去》一文，发表在《中国物价》1990年第11期、第12期和《成本与价格资料》1990年第15期上，提出了一些观点和政策主张，特别是认为应不失时机地使工业生产资料价格双轨制向市场单轨制过渡。

首先，文章针对学界中有人认为不应搞双轨制的观点进行反驳，认为工业生产资料价格双轨制“是渐进式改革中的必然之举”。价格双轨制是双重经济体制特别是双重经济运行机制并存的集中表现，是双重计划体制和物资体制的集中表现。既然计划体制的改革是缩小国家的指令性计划，给予企业逐渐加大的生产什么、生产多少的决策权；物资体制的改革是减少国家统一调拨分配的物资，让企业有权自行销售和采购一部分产品和原材料，这部分自由生产和自由购销，自然要有自由价格相配合才有实际意义。如果没有自由价格，所谓自由生产和自由购销就没有真正落实，只是徒有虚名而已。价格双轨制就是在这种条件下出现的。

工业生产资料价格双轨制不可能维持太久，否则其弊端就会变得突出，必须不失时机地向市场单轨制过渡。1988年中央实行治理整顿方针以来，通货膨胀势头得到有效抑制，工业生产资料双轨价差已从前几年的一两倍、两三倍缩小到一倍以内，不少商品市场价格只比计划价格高不到50%，这就为双轨制并为市场单轨制创造了有利的条件。但是，在经济界，并不是所有人都认同并轨时应当并为市场单轨制。从1989年下半年起，有的同志对前几年沿着市场化方向前进的价格改革表示怀疑，认为这样发展下去意味着搞市场经济，主张重新拟订我国价格改革的方案，要把价格改革的目标从市场化扭转过来，因为过去影响价格改革的思想主要是完全市场化的市场经济思想；要取消“国家调节市场，市场引导企业”的提法，等等。在如何取消工业生产资料价格双轨制问题上，也有同志主张立即取消，认为生产资料要通过主渠道——物资部门去组织，实行统购统销，中间环节只能是原来的一、二、三级站。在作价办法上，可实行两个价格（计划价和市场价）进货，一个价格（统一价格）出去[①]。在中国价格学会座谈会上，有的同志更明确主张，工业生产资料价格双轨制并轨时，80%要并为计划价，只有少量次要的、供求平衡的生产资料可以并为市场价，把价格放开。对于以上主张，我们明确表示反对。

我们认为，实行双轨制价格的初衷，本来就是要在价格形成中逐步引入市场机制，使行政定价体制平稳地向市场定价体制过渡。如果双轨制价格在其发展中实现并轨时，不是大部分并为市场单轨制，而是并为计划单轨制，那就是十足的倒退，是旧的行政定价体制的复归。这显然是不足取的。我们提出要解决工业生产资料价格双轨制问题，是以深化改革为根本出发点的。要坚持市场取向的改革，扩大市场机制的作用，逐步向市场定价体制迈进。

---

① 温桂芳：《在治理整顿中适度推进价格改革——中国价格学会座谈会纪要》，《价格理论与实践》1989年第12期。

1999年，我在《中国价格改革》一文中还谈到："双轨价并轨曾受到一些主管部门的阻挠。例如1991年，水泥、玻璃和其他一些建材产品，供求关系比较协调，双轨价差不大，各方面都认为并为市场单轨价条件成熟，要求抓住时机并轨。但是，有关主管部门却千方百计阻挠，有人甚至提出要求并为计划单轨价。1992年，国家物价局通过重新修订和颁布中央管理价格的分工目录，其中，重工业生产资料和交通运输价格由1991年的47类737种减少为89种，一次放开近600种，使绝大部分工业生产资料双轨价一下子并为市场单轨价。显然，这是明智之举。"①

（四）探索中国价格改革的规律

1987年，我在《财贸经济》（增刊）上发表了《价格改革规律性探索》一文，提出了价格改革的规律主要有以下几条。

第一，价格改革包括价格体系改革和价格管理体制改革两大方面，这两方面改革要配套进行，并且要善于通过价格管理体制改革推动价格体系的合理化。进行价格改革，面临的最突出的问题是要改革不合理的价格体系，理顺被扭曲了的价格关系。但是，最根本的目的在于改革价格形成机制，实现从行政定价为主到市场定价（价格本来就是在市场交换中形成的）为主的过渡，因为原来不合理的价格体系主要根源于不合理的价格形成机制。通过价格形成机制的转换：一方面把已经扭曲的价格关系理顺，建立合理的价格结构；另一方面保证价格运

① 王梦奎主编：《中国经济转轨二十年》，外文出版社，1999，第122页。

动在比较合理的轨道上进行，不至于出现新的扭曲，不会在理顺价格关系后过不了几年又要动一次“大手术”。

第二，社会主义有计划商品经济模式要求有计划控制宏观价格（包括控制物价总水平、主要比价关系和战略性价格）与放活微观价格（以市场价格为主），价格改革在总体上要符合这一本质要求。这里所说的战略性价格主要包括利息（资金价格）、汇价（本国货币对外币的汇率）、工资（劳动力价格）等。

第三，价格体系的改革要逐步进行，一般包括如下三个阶段：调整价格，使各行业的利润水平大致相同；放开价格，使价格能充分反映市场供求关系；同国际市场价格挂钩。为什么改革价格体系要采取先调后放的方针？这是因为，要解决原来价格关系严重扭曲的问题，需要先采取有计划调整的办法，初步理顺价格关系，然后才能在较大范围内放开价格，以便使价格变动对人们利益关系的影响不致太大和限制在可控制范围内。我国1978—1984年以调整价格为主，1985年以后以放开价格为主，使价格改革顺利进行，证明采取这一方针是正确的。

第四，理顺价格关系，要分步骤和配套进行，首先要理顺基础产品价格，基础产品价格理顺了，就能促进整个价格体系的合理化。就拿我国来说，价格扭曲既表现为能源、原材料价格偏低，粮食和农产品价格偏低，又表现为粮油等购销价格倒挂，第三产业收费的标准偏低，房租畸低，等等。在这些问题中，应当从理顺基础产品价格入手，进而理顺整个价格关系。

第五，价格改革的难度和主要矛盾在于理顺价格和稳定价格的关系，价格改革能迈多大步子，其进程和成效取决于改革会带来多高的物价上涨率，国家、企业和人民群众是否承受得了。我们要清楚地看到，由于我国经济比较落后，人民群众收入水平比较低，80%的收入用于购买生存资料，因而对物价上涨的承受能力是很低的，不可能承受两位数的物价上涨率。这就决定了我国价格改革只能走小步（走小步的最重要含义是保证物价总水平的年上涨率不超过6%），走一步看一步，要经历很长的时间。

第六，要为价格改革创造比较良好的经济环境，其中最主要的是经济协调发展，总供给和总需求及其主要结构的平衡，货币供应量增长同经济发展和经济货币化相适应，即使出现超前增长也要控制在5%以内。根据一些专家的估计，在我国经济体制改革跨过开始阶段稳步前进的过程中，如果经济每年以7%～8%的速度增长，那么货币的需要年增长率为13%～15%。按照这个标准估计，对照我国实际情况，1984—1986年我国货币发行量是大大超前了。1984年，我国货币发行量比上年末增加了49.5%，1985年增加24%，1986年增加23%，说明这几年每年都有8%以上的货币增长量属于非经济发行，这成为通货膨胀和物价上涨率超过5%的根源。

我在《中国物价》1988年第4期上发表的《十年价格改革最主要的经验与教训》一文中，又新提出了一条价格改革规律，即“从狭义价格改革逐步发展为广义价格改革。如同市场发育是有序的，即先发展一般商品和劳务市场，然后发展资金市场、劳动力市场、土地市场一样，价格改革也是有序的，即先推进物质产品和劳务价格的改革，然后推进要素价格的改革，即从狭义价格改革发展为广义价格改革。显然，这同整个改革过程中商品和市场范围的扩大，从而开拓了人们关于价格改革的视野是分不开的”。

我在《九十年代中国价格改革展望》一文中，专门提出：“生产要素价格要逐步实现市场化。随着中国经济逐步转向社会主义市场经济，生产要素价格改革日趋重要和突出。市场经济是以市场为资源配置的主要方式的，即在市场的导向下，社会有限的经济资源（资本、劳动力、自然资源）由效率低的部门和企业流向效率高的部门和企业，从而提高资源的配置效率，加快经济发展。而资源能够自由而合理地流动的前提，是生产要素的商品化和进入市场流通，生产要素价格由市场形成。20世纪80年代，由于市场取向改革的逐步推进，我们逐渐认识到生产要素要逐步商品化和进入市场流通，生产要素价格要逐步市场化。但这方面改革的进程比较缓慢，生产要素价格改革同货物与劳务价格改革相比明显滞后。这也是近期产业结构调整进展不大的一个重要原因。因此，生产要素价格改革应是今后价格改革的重点。生产要素价格，最主要的是包括资金（资本）的价格利息、劳动力的价格工资、土地的价格地租和地价、人民币对外币的比率汇价。按照发展社会主义市场经济的要求，它们都要求由市场形成和调节，以免最重要的市场信号失真，影响资源配置效率的提高。”①

① 薛暮桥、刘国光编著：《九十年代中国经济发展与改革探索》，经济科学出版社，1992。

生产要素价格要求由市场形成，说明我前面提出的价格改革第三条规律即国家要有计划地控制宏观价格，包括控制战略性价格即生产要素价格的说法是不对的，已被改革实践超越。关于国家需要控制战略性价格的说法，比较早是在1985年“巴山轮会议”上由波兰经济学家布鲁斯提出的，我当时认为有道理，就接受了。这表明东欧的改革派理论具有局限性，同时说明改革理论要与时俱进。随着改革的推进，利息、工资、人民币汇率以及地价等所谓战略性价格也应走市场化改革道路，由市场形成。

三 主张加快国有企业特别是中央企业改革，研究国有企业改革经验

国有企业改革是我研究的重要领域。1993—1995年我调任中国社会科学院工业经济研究所所长期间，更是全力以赴研究国企改革问题，此后也一直关注和研究国企改革和国资改革，发表了若干论著。

（一）较早提出加快中央企业改革步伐

我是第九届、第十届全国政协委员，为响应十届全国政协经济委员会为编制“十一五”规划建言献策，我写了《国有中央企业需加快改革步伐》一文，刊登在《经济界委员通讯》2004年第11期上，《人民日报》于2005年8月15

日摘发。文中说："国有大中型企业只是初步形成现代企业制度的框架，离规范的要求还很远；国有资产管理体制改革才刚刚起步。特别是作为国有企业骨干力量和主力军的中央企业（专指目前国务院国资委管的180多家国有工商企业），改革滞后，急需加快改革步伐，积极推进现代企业制度建设。在全国国有工商企业的国有资产总量中，中央企业占56.7%，占大头。特别是从整体看，中央企业资产质量较高，垄断行业中大中型特大型骨干企业几乎全都是中央企业。

"目前中央企业改革相对于地方企业来说，改革慢了半拍，甚至还不止。例如，目前中央企业中最重要的特大型企业许多都是按1988年《中华人民共和国全民所有制工业企业法》登记的国有独资企业，实行总经理负责制，一些国有独资公司的董事会也不完善。又如，到2003年底，在189家中央企业的母公司中，按《中华人民共和国公司法》（下称公司法）注册的不到10%，国有独资的高达180家。

"积极推进中央企业改革，主要须从以下几个方面展开。第一，进一步推动国有资本向关系国民经济命脉的重要行业和关键领域集中，向大企业集中，以便更好地发挥自己的优势，增强国有经济的控制力。第二，积极推进国有大中型企业规范的公司制改革。第一步，按公司法要求将中央企业转为公司，建立董事会，初步实行两权分离。第二步，大力发展股份制，除极少数特殊企业外，都要实行投资主体多元化。第三步，建立和完善法人治理结构。第三，加快推进垄断行业中中央企业改革。第四，继续推进国有资产管理体制改革。”

我的上面这些观点，曾列在全国政协十届二次会议上的发言中，发言标题是《国有企业改革任重道远》，全文刊登在《中国社会科学院院报》上，《人民日报》和《人民政协报》于2004年3月8日摘发。

（二）初步概括国有企业改革基本经验

为纪念改革开放30周年，我和郑海航教授共同主编了《中国国有企业改革30年回顾与展望》一书，由人民出版社在2008年出版。书中导言是我写的，题目是《中国国有企业改革30年基本经验》，文中提出了以下几点基本经验。

第一，坚持社会主义市场经济改革方向，使国有企业成为与市场经济相适应的市场主体，实现微观经济主体再造。为使国有企业改革成为自主经营、自负盈亏的市场主体和法人实体，就必须寻找能够与市场经济相结合的国有制的实现形式。实践经验证明，股份制可以成为公有制包括国有制的有效实现形式，并且对国有大中型企业特别适用。因此，推进国有企业适应市场经济的改革，应着力于推进国有大中型企业的股份制改革，即现代公司制改革。

第二，坚持循序渐进，从放权让利到明确以建立现代企业制度为方向，从明晰产权到国有资本出资人到位，注重制度建设和创新。现代企业制度的基本特征是：产权清晰、权责明确、政企分开、管理科学。现代企业制度的有效组织形式就是股权多元化的现代公司。在国有大中型企业公司制股份制改革中，要明晰产权，更要确保出资人到位。国家对拥有股权的股份公司，要派出股东代表，享有所有者权益，选择或参与选择经营管理者，但不代替公司董事会进行生产经营决策，也不干预公司日常经营活动，只当老板，不当“婆婆”。

第三，坚持从整体上搞好国有经济，使国有经济在国民经济中发挥主导作用，而不企求把每一家国有企业都搞好。从整体上搞好国有经济，必须坚持有所为有所不为的方针。不能把国有企业改革归结为“国退民进”，而是有进有退。国有资本越是向能发挥自己优势的重要行业和关键领域集中，而从没有优势或丧失优势的一般竞争性领域退出，就越能增强国有经济的控制力，国有经济在国民经济中的主导作用就越能很好地发挥出来。国有经济占GDP比重多少比较合适，不能一概而论，因经济发展的不同时期而异，前期高一些，后期可以低一些。在社会主义市场经济条件下，国有经济在国民经济中的比重主要由市场竞争决定，但又不宜完全由市场决定。为使社会主义市场经济健康发展，为使社会主义国家宏观经济调控更加有效，为保证经济发展成果由人民共享，走共同富裕的道路，中国国有经济的比重应比发达国家（一般占5%左右）和其他发展中国家（一般占10%）高一些，即使经济比较发达了，也要占20%左右，以便保证国有经济继续在国民经济中发挥主导作用。

第四，坚持“抓大放中小”，着力搞好中央企业。在国有企业改革过程中，必须着力抓好大型企业的改革，搞好大型企业。而对主要分布在一般竞争性领域的大量国有中小企业，则要采取多种形式，包括改组、联合、兼并、租赁、承包经营和股份合作制、出售等，放开搞活。“抓大”最重要的是着力抓中央企业。2006年，中央企业增加值为24638亿元，占当年全国GDP的11.68%，可见中央企业在国民经济中的地位举足轻重。考虑到将来需要保留的国有或国有控股的工商企业最主要的就是100家左右的中央企业，国有经济在国民经济中发挥主导作用并积极参与国际市场竞争，也是主要靠这些中央企业（和中央金融企业），因此，深化中央企业改革，把中央企业进一步做强做大就显得特别重要。

第五，坚持推进垄断行业改革，引入竞争机制，同时加强政府监管和社会监督。与自由竞争能促进效率提高不同，网络型自然垄断业务由一家经营比多家厂商竞争更有效率，资源配置更为优化。随着科技进步和管理水平的提高，自然垄断行业并不是只从事自然垄断性业务，而是自然垄断性业务和非自然垄断性业务并存，而且后者所占比重逐步增加。非自然垄断性业务是可以竞争的。所以，垄断行业改革主要是引入竞争机制以提高效率。不仅非自然垄断性业务可以引入竞争机制，由多家厂商经营，自然垄断性业务也可以通过拍卖特许经营权等方式具备一定的竞争性并提高效率。与此同时，要加强政府监管和社会监督，不仅要加强对安全、环保、普遍服务的监管，还要加强对成本和价格的监管包括实行价格听证等。

第六，坚持建立中央政府和地方政府分别代表国家履行出资人职责，享有所有者权益，权利、义务和责任相统一，管资产和管人、管事相结合的国有资产管理体制，加快建立国有资本经营预算制度。这主要是针对原来国有资产管理存在的两方面问题提出来的。一是“五龙治水”，多头管理，有了成绩都抢着要算在自己名下，出了问题则互相推诿，谁都不负责任；二是“内部人控制”现象严重，常常造成国有资产流失。

第七，坚持为国有企业改革创造良好的外部环境，加快建立健全社会保障体系，推进债务重组，剥离企业办社会负担。建立健全社会保障体系，对于分流富余人员至关重要。剥离企业办社会负担，是使国有企业能够平等参与市场竞争的重要条件。过去，国有企业办社会负担普遍很重，不少钱用于办学校、幼儿园、医院、体育娱乐住宅设施等，背上沉重的包袱。在国有企业改革过程中，需要把应由政府承担的提供公共产品和服务（如义务教育、基本医疗卫生服务、社会治安、廉租房等）的职能移交给政府，有一些则可以通过成立专门的服务企业转移出去。

第八，坚持把改革的成功经验及时地上升为理论和提升为法律，指导改革规范进行。中国国有企业改革，面对的是几十万家国有企业。改革没有现成的理论和模式可以仿效，也来不及制定好成套法律后再开始推进改革，只能“摸着石头过河”，在改革实践中积累经验，并将其中成功的经验及时地上升为理论和提升为法律，指导改革规范进行。完善社会主义市场经济体制的一项重要内容，就是要在中国特色社会主义理论体系的指导下，使社会主义市场经济真正成为法治经济，即在法治轨道上运行的经济。

现在看来，以上几条基本上是能站住脚的，而且其中有些尚未完工，需要继续施工，深化改革。同时，随着改革的不断深化，对国有企业改革又提出了新的要求，特别是要适应建设现代化经济体系的需要，推动国有资本做强做优做大，以国有资产改革带动国企改革，发展混合所有制经济，培育具有全球竞争力的世界一流企业等。

（三）认为发展混合所有制经济可以为垄断行业放开竞争性业务打开通道，有助于国有资产监管机构转向以管资本为主

党的十八届三中全会通过《中共中央关于全面深化改革若干重大问题的决定》（简称《决定》），《决定》提出："积极发展混合所有制经济。国有资本、集体资本、非公有资本等交叉持股、相互融合的混合所有制经济，是基本经济制度的重要实现形式，有利于国有资本放大功能、保值增值、提高竞争力，有利于各种所有制资本取长补短、相互促进、共同发展。"这是《决定》的一个重要亮点，对深化国有资产、国企改革有重大意义。《决定》出来后，我写了一些文章，发表我的学习心得和体会。我在《积极发展混合所有制经济 促进各种资本优势互补共同发展》（载于《经济理论与经济管理》2014年第12期）、《积极推进国有企业混合所有制改革》（载于《中国浦东干部学院学报》2015年第2期）等文章中，认为提出积极发展混合所有制经济主要有三方面的新含义。

第一，发展混合所有制经济，为深化国有企业改革进一步指明了方向。可以认为，国有企业建立现代企业制度要一步一步前进：第一步是建立公司制，但公司制可以是国有独

资公司；进一步是建立股份制，但股份制可以都是国有股（比如前些年，一些地方国企热衷于高攀央企，与央企合资）；再进一步是建立混合所有制企业，使国有企业真正改革成为投资主体多元化的现代股份有限公司。通过一步步改革，可以使国有企业更加适应社会主义市场经济。

第二，这次混合所有制改革，一方面要在竞争性行业中继续推进混合所有制经营，另一方面则更加重要，垄断行业要逐步放开非自然垄断性业务，引入社会资本，引入竞争机制，提高资源配置效率。垄断行业中大量非自然垄断性业务尚未放开引入竞争机制，没有很好地引进社会资本。今后要尽快放开自然垄断行业的竞争性业务，积极发展混合所有制经济。即使是自然垄断环节，国有资本要控股经营，仍然可以吸收一部分社会资本参与，这对改善公司治理结构是很有利的。垄断行业也许是今后一段时间内积极发展混合所有制经济的着重点。

第三，积极发展混合所有制经济要求国有资产监管机构转向以管资本为主。十八届三中全会决定在论述积极发展混合所有制经济部分时，专门提出要“完善国有资产管理体制，以管资本为主加强国有资产监管，改革国有资本授权经营体制，组建若干国有资本运营公司，支持有条件的国有企业改组为国有资本投资公司”。国有企业推进混合所有制改革以后，自然而然地要求国有资产监管机构要从以管企业为主向以管资本为主转变，这意味着国务院国资委的职能将发生重大变化。从以管企业为主转变为以管资本为主，两字之差，含义深远。按照十八届三中全会决定的精神，今后国务院国资委将主要致力于国有资本的优化配置，逐步增强国有资本的流动性，更好地服务于国家战略目标。可以想象，国务院国资委将不需要花大量精力去管100多家中央企业，包括选择经理层，给他们评级打分，决定企业管理人员的薪酬和工资总额，以及决定企业的投资和并购重组等，而是集中精力管好为数不多的国有资本投资公司和运营公司，由国有资本投资公司和运营公司向控股参股公司派出股东代表和董事。公司的重大决策由董事会作出，即由董事会决定本公司发展战略、目标，市场化选聘职业经理人进行经营管理，在市场上平等竞争，优胜劣汰，不必再事事请示国资委。总之，国资委和企业的关系，要从行政隶属关系转变为股东和企业的关系。

（四）认为国资监督管理机构转向以管资本为主是重大理论创新

我在《新视野》2016年第3期上发表了《从“以管企业为主”到“以管资本为主”：国企改革的重大理论创新》一文，提出从以管企业为主到以管资本为主的转变，是深化国有企业改革的重大理论创新，具有重大的理论和现实意义。

第一，有利于推进政企分开、政资分开、所有权和经营权分离。直到目前，政企不分、政资不分、所有权和经营权不分等问题依然没有得到很好解决，国有资产监管工作还存在越位、缺位、错位等问题。实现各级国资委职能从以管企业为主到以管资本为主的重大转变，有利于继续推进政企分开、政资分开、所有权和经营权分离，从而破除影响国有资本服务创新发展的体制机制弊端，推进国有资产监管新体制的形成。

第二，有利于强化国有企业市场主体地位，激发国有企业活力。经过30多年改革开放，公司制股份制成为国有企业的重要组织形式。以管企业为主的方式已经不适应国有企业组织形式的深刻变革，国有资产监管机构只有转向以管资本为主，才有可能发挥国有企业董事会的法定作用，才有可能使国有企业真正成为自主经营、自负盈亏、自担风险、自我发展的独立的市场竞争主体，从而激发其发展活力。

第三，有利于推进国有资本优化配置，向重点领域集中。国有资本存在分布过宽、战线过长、集中度不够等突出问题，严重制约着国有经济主导作用的发挥。实现各级国资委职能从以管企业为主到以管资本为主的重大转变，有利于紧紧围绕服务国家战略目标，优化国有资本重点投资方向和领域，推动国有资本向关系国家安全、国民经济命脉和国计民生的重要行业和关键领域、重点基础设施集中，向具有核心竞争力的优势企业集中。

第四，有利于维护国有资产安全，防止国有资产流失。从以管企业为主向以管资本为主转变，有利于各级国资委集中精力加强国有资本经营管理全链条监管，落实国有资本监管责任，建立健全监督长效机制，从而确保国有资本安全运营，严防国有资产流失。

文章最后提出，在实践中，以管资本为主重要突破口是加强国有企业董事会建设，完善企业法人治理结构，让董事会发挥自主经营决策的核心作用。

四 较早提出社会主义市场经济改革方向

改革开放之初，我就主张在社会经济活动中积极引入市场机制，尊重和发挥价值规律的作用。20世纪80年代末90年代初，当有人怀疑和反对市场取向改革时，我写文章阐述必须坚持和继续推进市场取向改革。1988年，我在自己的专著《论我国社会主义有计划的商品经济模式》中明确指出，既然社会主义经济也是一种商品经济，那么，就可以肯定社会主义经济也是一种市场经济。1991年10—12月，我参加了由江泽民总书记主持的11次专家座谈会，主张建立市场价格体制和社会主义市场经济体制。1993—2013年，我多次参加中央文件起草工作，为中国深化市场化改革建言献策，并努力宣传和阐发党的改革开放方针政策，还努力探索社会主义市场经济的特点与规律性。

（一）改革开放初期提出按客观经济规律办事要强调按价值规律办事，利用市场机制

1981年10月，我写了《社会主义经济中价值规律的作用》[①]一文，提出当前按客观经济规律办事要强调按价值规律办事，利用市场机制。文中说："我认为，按客观经济规律办事中强调按价值规律办事，是有其客观历史背景的。

① 张卓元：《社会主义经济中的价值、价格、成本和利润》，中国社会科学出版社，1983。

过去，我国经济体制偏重于或单纯用行政方法管理经济，表现为计划统得很死，而且普遍采用指令性计划，从上到下层层下达，把下面包括劳动群众的手脚捆得死死的，整个社会和经济机体的运转没有多少生气和活力。这在政策上是反对利用市场机制，反对实行市场调节，结果陷入官僚主义的幻想。在理论上，则是把有计划发展规律同价值规律对立起来，否定或不尊重价值规律的作用。为了改革这种过分集中的经济体制，适当利用市场机制，把国民经济搞活，就要按客观经济规律办事，重视价值规律的作用。有的同志对于改革经济体制要着重考虑价值规律作用表示怀疑，认为主要应是按社会主义基本经济规律办事。我认为，按社会主义基本经济规律办事是至关重要的。但是，必须明确，我们这里讨论的主题是改革经济体制问题，是改善我们的计划工作的问题。而在这个问题上，我们面临的突出问题是：高度集中但往往脱离实际的计划管理，国民经济比例失调，排斥市场机制，产品品种少、质量差，消耗大，效率低，企业经营管理水平低下，等等。所有这些，很重要的就是违反了价值规律。针对这种情况，按照客观经济规律的要求，改革我国经济体制，促进社会主义现代化建设，提出要按客观经济规律办事，着重考虑价值规律的作用，是正确的，是有的放矢，抓住了问题所在。”

我在另一篇文章《讲求经济效果就必须尊重价值规律》①中也说：“过去，我国的经济建设在取得伟大成就的

① 张卓元：《社会主义经济中的价值、价格、成本和利润》，中国社会科学出版社，1983。

同时，由于指导思想上存在‘左’倾错误，片面地追求高指标、高速度，国民经济发展中存在两方面的问题：一是效率低，浪费大，产品品种少而质量差；二是一再出现比例失调，折腾得厉害。这说明我们过去经济活动的效果差，说明只把高速度作为发展战略的主要目标同提高经济效果存在一定的矛盾。我认为，上述两大问题，归根结底，是由于我们的经济工作违背了客观经济规律特别是价值规律。”在谈到如何提高经济效益时又说：“现实的社会需要的确定，是离不开价值规律的作用，离不开市场机制的。因为在保留商品生产和商品交换的条件下，这个‘需要’不通过市场是很难了解和确定的。”“在我看来，改革经济体制（这里主要指对全民所有制经济的管理体制）的实质，是按客观经济规律办事，其中很重要的一条是按价值规律办事。”

（二）1988年提出社会主义经济也是一种市场经济

我在1988年由江苏人民出版社出版的专著《论我国社会主义有计划的商品经济模式》中，明确提出社会主义经济也是一种市场经济，尽管当时反对社会主义搞市场经济的声音很大。书中说：“既然社会主义经济也是一种商品经济，那么，能否说，社会主义经济也是一种市场经济呢？我的回答是肯定的。哪里有商品和商品生产，哪里就有市场。商品是为交换而生产的产品，商品是加入流通过程的产品，也就是进入市场关系的产品。支配商品经济的基本规律——价值规律，是在市场交换中发生作用的。市场是商品经济活动的舞台。商品生产者和经营者只有在市场上才能开展竞争，比较高低。产品转化为商品，商品要实现自己的价值，需要在市场上经过社会和消费者对生产这种产品的劳动进行质和量的检查。列宁说：‘商品生产，也就是通过市场而彼此联系起来的单独生产者的生产。个体生产者供他人消费的产品只有采取货币形式，就是说，只有预先经过质量和数量两方面的社会计算，才能到达消费者手里，才能使生产者有权获得其他社会产品。而这种计算是在生产者的背后通过市场波动进行的。’因此，商品生产就是为市场而生产，商品经济就是市场经济。把社会主义经济归结为也是一种市场经济，在理论上有两大进展。第一，肯定社会主义经济中市场关系的重要性，肯定市场机制是社会主义经济的内在机制，而不是外加在社会主义经济的东西。第二，市场的作用范围是覆盖全社会的，而不是只在一部分社会经济活动中存在和发生作用，同计划的作用领域形成板块的结合，平分天下。社会主义经济中不只是存在物质产品市场，而且存在包括资金、土地、劳动力、房地产等在内的市场体系。这种认识，显然同只承认社会主义经济中存在商品货币关系，或者只承认消费品和生产资料是商品但排除市场规律的作用，有重大区别。”

这里需要专门讲一下，1990年初，在论坛上不乏质疑1978年以来市场取向改革的文章，为此我写了一篇争辩性文章，提出要坚持市场取向改革。文章题目是《有计划商品经济与市场取向改革》，发表在《改革》1990年第2期上。

文章一开头就说："最近，经济理论界关于我国是否应该坚持市场取向改革问题，存在较大的分歧意见。我认为，要建立社会主义有计划商品经济的新体制，必须坚持市场取向的改革。调整改革思路，不应当把市场取向改革包括在调整之列。"

文章专门论述了发展有计划商品经济要求推进市场取向改革。文章说："在关于有计划的商品经济是否就是有计划的市场经济，或社会主义商品经济是否就是社会主义市场经济的问题上，意见分歧则比较大。有的学者持否定意见，有的学者则持肯定意见。

"持否定意见的同志认为，市场经济是同计划经济、同社会主义经济根本对立的。……他们认为，在社会主义经济的运行中，计划是起导向作用的，市场调节作用的发挥不能偏离计划的目标，社会主义国家如果实行市场经济那一套，国家对社会经济活动势必难以控制，从而动摇社会主义经济的基础。

"持肯定意见的学者认为，商品经济等于市场经济，商品经济和市场经济的运行机制都是一样的，商品经济和市场经济的本质属性和数量界限都是相同的。持这种意见的同志一般都引用列宁的如下一段话作为论据。列宁说：'哪里有社会分工和商品生产，哪里就有市场；社会分工和商品生产发展到什么程度，市场就发展到什么程度。'从这点出发，他们认为，有计划商品经济就是有计划市场经济，社会主义商品经济就是社会主义市场经济。社会主义市场经济与资本主义市场经济的区别：一是所有制基础不同，社会主义是以公有制为主，资本主义是私有制；二是是否能在全社会范围内实行有效的计划调节上有很大不同。

“有的同志还进一步提出市场经济是高度社会化的商品经济的概念。认为市场经济必然是商品经济，但商品经济未必是市场经济。在市场经济中，市场是社会资源的基本配置者。我国目前商品经济已有较大发展，但远不能说是以市场机制为基础配置资源的。我们要通过改革来建立有宏观管理的市场配置方式的商品经济，即社会主义市场经济。对有计划商品经济是否就是有计划市场经济的看法迥异，决定了对市场取向改革的不同评价。否定论者一般否定市场取向的改革，肯定论者则肯定市场取向的改革。

“我认为，市场取向的改革应予肯定，市场取向改革是建立有计划商品经济新体制题中应有之义。否定或抛弃市场取向的改革，将导致否定建立社会主义有计划商品经济新体制的种种努力。

“第一，社会主义国家的经济体制改革，从本质上讲，就是要大力扩展商品货币关系，发展市场关系，充分发挥市场机制的作用。新旧体制的根本区别，正在于是发展还是排斥商品-市场关系。改革正是要通过商品化、市场化来带动经济的社会化和现代化，确认商品经济的发展是社会经济发展不可逾越的阶段。

“第二，市场机制是商品经济的内在机制，市场协调是商品经济运行的主要形式。要发展商品经济，就要充分发挥市场机制的作用。价值规律是商品经济的基本规律，而价值规律是通过市场机制对商品经济运动起支配作用的。

“第三，市场机制的核心是价格机制，市场导向作用主要是由价格及其变动来实现的。而要发挥价格机制的作用，发挥价格的导向作用，就要实现价格模式的转变。……所谓转换价格模式，其内容包括如下三个方面：①适应发展社会主义商品经济的要求，让价格回到市场交换中形成，实现从行政定价体制到市场定价体制的过渡，变单一的计划价格形式为以市场调节价作为主要价格形式。……②适应发挥市场体系整体功能的要求，价格从主要作为核算的工具变为最重要的调节手段。为此，价格是在统一的、公开的、竞争性的市场中运行的，既要打破地方封锁、部门垄断，又要打破行政干预。③价格体系要在比较健全的市场体系中逐步合理化，既反映价值，又反映供求关系，并形成自动调整的灵敏的趋于合理的机制。

“第四，改革的深化就在于继续推进市场取向的改革。

“总之，无论是发展商品经济，还是深化改革，都要求推进市场取向的改革，要求在发展市场关系、扩大市场机制作用已取得一定实效的基础上，继续迈步。”

（三）1991年底参加江泽民总书记召开的11次专家座谈会，主张市场价格体制，赞同建立社会主义市场经济体制

1991年10月17日至12月14日，江泽民总书记在北京主持召开了11次专家座谈会（每次半天），主要对即将于1992年召开的党的十四大应该怎样论述进一步深化经济体制改革，经济体制改革的目标究竟用什么提法等问题听取大家的意

见。陈君、洪南编写的《江泽民与社会主义市场经济体制的提出——社会主义市场经济20年回顾》（中央文献出版社2012年版）披露：“1991年夏天，江泽民同志开始部署座谈会的具体工作。在人员方面，参加座谈会的主要是经济专家，在人员选择上他提出三点要求：一是在思想解放、实事求是方面比较突出，敢于讲话；二是对改革开放的设计、论证和文件起草等工作参与较多；三是找1～2个海外学成人员。另外，还要有几个能介绍并讨论资本主义经济和苏东经济的专家。至于座谈会的内容，江泽民同志明确指出：首先，分析资本主义为什么‘垂而不死’，其体制机制中有哪些值得我们研究的东西；其次，对苏联解体和东欧国家的剧变进行分析，是什么因素导致苏东国家经济和社会发展出现停滞和危机，以至于整个国家遭受重大挫折，发生急剧变化。在对这两个问题进行深入分析的基础上，敞开思路，对我国进一步推进改革开放的重大议题作出探讨。

“11次座谈会比较充分地讨论和酝酿了我国经济体制选择和改革目标，有了‘社会主义市场经济体制’的倾向性提法，提出了市场在资源配置中起基础性作用的说法，对社会主义市场经济应具有的基本特征进行了较全面的讨论。在某种程度上，为江泽民同志1992年6月在中央党校的讲话提供了一定的理论素材。

“2012年7月9日，江泽民同志邀请6位当年参与此工作的同志座谈，回顾当年开11次座谈会的情况。这些亲历了改革历程的与会同志回顾了当年参加座谈会的过程和讨论情况，一致认为，回顾这段历史有助于巩固社会主义市场经济的改革方向。江泽民同志在听取了与会同志们的发言后说：‘大家回顾了20年前关于社会主义市场经济提法形成的来龙去脉，回顾了11次会议讨论的经过和内容。这11次座谈会，为中央在十四大文件中正式提出社会主义市场经济、明确体制改革的总体目标作了一定思想准备。’

“江泽民同志在会上指出：‘之所以要说这段历史，是想回顾1991年我思考社会主义改革的方向、目标，提出讨论社会主义市场经济问题的缘由。回顾20年前提出社会主义市场经济的过程，一方面温故而知新，另一方面，更重要的是，要认真谋划未来，今后10年至20年的发展主要靠什么驱动？决不能走老路，要有改革现有生产关系、解放生产力的实实在在的措施。要解放思想，研究新情况新问题，集思广益，为党的十八大后开创发展新局面提供建议。’”

我是1991年11次专家座谈会的参加者和2012年7月回顾11次专家座谈会的参加者。2012年7月会后，我写了一篇文章，题目是《社会主义市场经济体制改革目标确立过程中的重要思想酝酿》，刊登在前述陈君、洪南编写的《江泽民与社会主义市场经济体制的提出——社会主义市场经济20年回顾》（中央文献出版社2012年版）一书中，讲述了我个人的回顾与体会。文中说：“座谈会的最主要成果是酝酿了‘社会主义市场经济体制’的倾向性提法，同时还对这一重要提法给出两点解释，一是市场在资源配置中发挥基础性作用，二是市场是有国家宏观调控而不是放任自流的。这样就为江泽民总书记1992年6月9日在中央党校的讲话和1992年10月党的十四大确立社会主义市场经济体制改革的目标提供了重要的理论准备。

“‘社会主义市场经济体制’这一重要提法，是认真研究资本主义‘垂而不死’和东欧剧变的逻辑必然结果。一些专家提出，从许多国家经济发展实践看，由市场配置资源是比较有效率的，是比由计划配置资源有效的。1929年世界经济危机后，主要资本主义国家纷纷借鉴社会主义国家搞计划经济的经验对宏观经济进行调节，重视保持宏观经济的稳定运行，改善工人福利，缓和阶级矛盾，以及推动科技进步等，使现代资本主义经济制度仍然能够容纳生产力的发展，并且在同实行传统的社会主义经济体制的国家的竞赛中占了上风。因此，中国社会主义制度要在资本主义包围中站稳脚跟，并且要在经济和技术上追赶发达的资本主义国家，就要大胆借鉴资本主义国家由市场配置资源的做法，使有限的资源得到高效利用，同时实行宏观调控，努力使整个国民经济稳定高速健康发展。

“‘社会主义市场经济体制’这一重要提法，更是总结我国改革开放十几年的成功经验的必然结果。1978年底起实行改革开放后，由于推行农业家庭联产承包责任制，承认农民是独立的商品生产者和经营者，同时大幅度提高农产品收购价格（1979年提高25%），大大调动了农民生产积极性，农业迅速增产，农产品供应大量增加。20世纪80年代，又逐步放开了农副产品、工业消费品和部分工业生产资料等的价格，结果放到哪里活到哪里，市场迅速繁荣和扩大，各种各样的商品琳琅满目，长期凭票供应的商品越来越少直至完全取消，使老百姓充分感受到‘市场机制’的神奇魔力，切身体会到改革开放给大家带来真正的实惠，从而拥护改革支持改革。因此，与会专家一致认为，既然‘市场取向’改革能有力地推动经济的快速增长和市场繁荣，我们就要坚持‘市场取向’改革，绝不能退回到计划经济体制，而且要继续前进，建立社会主义市场经济体制，使市场在社会主义国家宏观调控下发挥基础性作用，以便更好地使国民经济进入良性循环，推动经济快速增长，不断提高人民群众的生活水平和质量。”

值得一提的是，1991年的这11次座谈会更像学术研讨会，大家进入会场后是随便落座的，没有桌签；发言也不是事先安排的，而是各人自动要求发言，更没有要求会前报送发言稿，但是大家都认真准备、热烈发言，有的专家还写了上万字的发言稿。专家们在发言的过程中，江泽民总书记有时会有简短的插话或提问，讨论气氛热烈，这就使大家能够在良好的会风中畅所欲言。

总之，我在座谈会的发言中主要建议坚持市场价格体制，继续深化“市场取向”改革，赞同实行社会主义市场经济体制，以促进经济快速健康发展。

（四）完善社会主义市场经济体制必须加快政府改革

21世纪，我国经济改革已进入以完善社会主义市场经济体制为主题的体制创新时期。而要完善新体制，就必须深化行政管理体制改革，重点是推进政府改革，转变政府职能，从全能型政府向公共服务型政府转变，真正实现政企分开、政资分开、政事分开、政府与中介组织分开，履行好经济调节（主要是宏观经济调控）、公共服务、市场监管、社会管理（治理）、保护生态环境职能。我写的多篇文章提出，实践一再表明：深化国有企业改革和垄断行业改革，要以国有资产改革带动，有赖于政企分开和政资分开；深化国有资产管理体制改革，有赖于政资分开和政事分开。党的十八届三中全会通过的《中共中央关于全面深化改革若干重大问题的决定》指出，以管资本为主加强国有资产监管，这意味着今后要把应由企业和公司董事会决定的权力交还给企业和公司董事会；建设现代市场体系，有赖于打破地方政府的市场封锁和分割；深化资源和要素的市场化价格改革，有赖于放松和消除行政管制价格；建立公共财政体系，逐步实现基本公共服务均等化，有赖于强化政府公共服务和社会管理职能，加快服务型政府建设；完善现代金融体系，有赖于加强和完善金融监管；完善收入分配制度，有赖于改进政府对收入分配的调节，处理好公平与效率的关系；健全社会保障体系，有赖于政府的有效管理和调节；要更好地发挥市场在资源配置中的决定性作用，有赖于政府不再充当资源配置的主角，加强和改善宏观调控，实施适当的宏观经济政策，使“看不见的手”和“看得见的手”有机结合起来。与此同时，要把成功的、有效的改革经验和做法，及时上升为法律，以便更好地指导改革的推进，把改革和发展纳入法治轨道。我认为，2005年党的十六届五中全会关于“加快行政管理体制改革，是全面深化改革和提高对外开放水平的关键”的判断是正确的，至今仍有重要现实意义。

于玉泉山，左为林兆木

2006年，我在全国政协经济委员会关于企业改革与发展问题的研讨会上发言，后来发言稿发表在《经济界委员通讯》2006年第7期上。文中提出：“国有企业改革要跟政府体制改革（行政体制改革）很好地结合。十六届五中全会提出行政管理体制改革是今后深化改革的关键。这应该说又是一个发展。现在改革到这一步，应该说是超出了经济体制改革的范围了，包括国有企业改革改到后来发现，政企不分这个问题没有解决，政府职能转换是面临的最大问题。政府职能转换要到位，必须要做到‘四分开’：政企分开、政资分开、政事分开、政府与中介组织分开。‘四分开’对深化国有企业改革应该是有好处的，因为这样可以切断政府对企业微观经济活动的直接干预。现在政府介入经济太深了，弄得很多问题都不好解决。我到一些地方调研，有一个市长有个观点，卖什么企业由他一个人决定，而且最好不要让企业职工知道。他好像把企业当成是他的，这容易闹出很多问题来，这是政府职能改革没到位。所以改革要以国有企业改革为中心，以政府行政管理体制改革为关键。”2012年，我两次接受记者采访，都讲政府改革是未来深化改革的突破口。采访稿一篇名叫《未来十年，政府改革是关键》，发表在《中国改革》2012年第11期上；另一篇名叫《未来十年政府改革是突破口 要打破改革怕得罪人的惯性》，发表在2013年1月1日的《南方都市报》上。

我在《财贸经济》2012年第12期上发表《深化改革是加快转变经济发展方式的关键》一文，比较系统地论述了政府改革问题，明确提出政府改革已成为改革的牛鼻子。文章提出：“十八大报告说，经济体制改革的核心问题是处理好政府和市场的关系，必须更加尊重市场规律，更好发挥政府作用。过去我们一直在说国有企业改革是经济体制改革的中心环节，2005年中央‘十一五’规划建议强调转变经济增长方式的同时，指出加快行政管理体制改革，是全面深化改革和提高对外开放水平的关键。我体会，这里说的行政管理体制改革，最主要的是政府改革，是政府职能的转换。多年的实践证明，要推动经济增长方式转变，要害在于加快行政管理体制改革，加快政府改革，使政府真正能履行经济调节、市场监管、公共服务和社会管理的职能，而不只是深化国有企业改革。也就是说，中国改革开放建设发展的实践，已开始把政府改革推到了改革的最前列。

“推进政府改革，处理好政府和市场的关系，本人认为其要点还是……要解决政府‘越位’‘错位’‘缺位’特别是其中的‘越位’问题，真正做到政企分开、政资分开、政事分开、政府与市场中介组织分开，减少和规范行政审批，尽可能减少对微观经济活动的干预，从全能型政府向服务型政府转变。

“第一，政府应当从介入过深的经济领域逐步退出，不再充当资源配置主角。当前较大的问题是不少地方政府公司化，地方政府首脑充当当地经济活动的董事长和总经理。由于我国长时期都以GDP增速作为政府官员政绩大小的主要考核指标，而政府官员实行任期制，一般五年一任期，不少官员为了追逐自己的千秋业绩，都全力以赴使任期内GDP增速最大化，往往运用手中权力搞粗放扩张，拼资源，拼环境，因为粗放扩张最能在短期内见成效出政绩。

“第二，政府履行经济调节职能应主要搞好宏观调控或贯彻中央政府宏观调控举措，为社会经济活动提供良好稳定的环境，基本上不干预微观经济活动，真正实行政企分开。

“第三，财政要加快向公共服务型财政转型，逐步实现基本公共服务均等化。财政转型看起来属于财政体制改革，实际上是政府改革的重要内容。……我国财政用于公共服务的支出占财政总支出的比例一直严重偏低，离公共服务型财政的要求很远。

“第四，政府减少对价格特别是生产要素和资源产品价格的管制。中国粗放型增长方式之所以很难转变，重要原因是我国生产要素如土地、资本和一些重要资源产品价格受政府控制，长期偏低或严重偏低，从而鼓励对它们的滥用和浪费，效率很低。……因此，要转变经济增长和发展方式，就必须改变这种情况。

“第五，深化收入分配制度改革。中国收入分配存在不合理现象，不断做大的‘蛋糕’没有切好、分配好，居民收入差距过大（基尼系数接近0.5），已成为各界共识。……这种情况，不利于劳动者素质与技能的提高，从而不利于转变经济发展方式。居民收入差距过大，使大量低收入群体不能很好地分享到改革发展成果，不能很好地落实以人为本，影响他们积极性的发挥，也不利于更好地促进社会和谐稳定。

“总之，抓住政府改革这个‘牛鼻子’，就能把各项经济改革带动起来，形成推动经济发展方式转变的合力，切实做到以改革促转方式和促经济健康发展。”

下面我想专门讲一下，20世纪90年代以来，我写的文章有时会提及，中国的社会主义市场经济是政府主导型市场经济。我发表在《宏观经济研究》2004年第7期上的《试探社会主义市场经济的特点与若干规律》一文中还说过：“中国的社会主义市场经济是政府主导型的市场经济，政府在市场经济中扮演着重要的角色。”对于这个观点，张曙光教授在他所著的《中国经济学风云史——经济研究所60年》下卷中评价我的那部分内容中还提出了批评意见（见该书第1448页）。虽然我从来不赞成政府“经营城市”的主张，还在文章中写过反对政府“经营城市”的说法，但那个时候我的确认为中国的社会主义市场经济是政府主导型市场经济。而在进入21世纪后，随着经济粗放扩张带来的资源和环境的瓶颈制约越来越突出，政府官员为追求短期政绩最大化，运用政府权力不顾后果地拼资源，拼环境，经常过多地直接配置资源，造成严重后果。所以在2005年中央“十一五”规划提出

"行政管理体制改革是全面深化改革和提高对外开放水平的关键"以后，我在文章中开始强调政府改革的重要性和紧迫性，认为政府改革是深化经济体制改革的突破口或"牛鼻子"。在这种情况下，我记得我在文章中已不再提中国的社会主义市场经济是政府主导型市场经济，而强调政府应改变直接配置资源过多和对微观经济活动干预过多的行为，即政府要把在经济领域伸得过长的手收回来，主要解决"越位"的问题。党的十八届三中全会通过的《中共中央关于全面深化改革若干重大问题的决定》提出使市场在资源配置中"起决定性作用"，代替沿用了20年的"基础性作用"，也是为了着力解决市场体系不完善、政府干预过多和监管不到位的问题。这说明我自己在关于政府与市场关系的问题上，是逐步提高认识的。

（五）探索中国社会主义市场经济体制特点和若干规律

2004年，我在《宏观经济研究》第7期上发表《试探社会主义市场经济的特点与若干规律》一文，认为社会主义市场经济的特点和内在规律有以下几条。

第一，市场在资源配置中发挥基础性作用，价值规律调节社会生产和流通。社会主义市场经济与传统的计划经济最大的不同点，在于市场在资源配置中的作用有根本的区别。前者起基础性作用，即主要调节者作用；后者则不起作用或只起很小的作用。迄今的中外实践表明，按照市场信号

（主要是价格信号）对有限的社会资源进行配置和重新配置，比按照国家的指令性计划配置资源具有更高的效率。这是因为，在社会化大生产条件下，不但产品和服务的种类繁多，数以万计、十万计，而且社会和人的需求也复杂多变和不断发展，国家计划部门采用任何现代计算技术和严格的行政调节也无法将社会供给和社会需求有机联系起来，使两者变得协调。由市场通过价格涨落提供的社会需求的信号，比任何发布指令性计划的部门要准确、及时得多，从而使各个经济活动主体能够按照社会的需求进行生产、经营和提供服务，避免资源的严重浪费和损失。也就是说，在价值规律作用下，社会资源自动地从效益较低的产业流向效益较高的产业，而效益较高的产业正是社会需求比较旺盛的；在同一产业内部不同企业之间则优胜劣汰，这就使社会资源得到了比较有效的利用和配置。

第二，企业成为市场经济活动的主体，真正实现政企分开、政资分开。要选择社会主义市场经济，使市场在资源配置中发挥基础性作用，就必须使企业成为独立的市场主体和利益主体，自主经营、自负盈亏、自担风险。对于非国有企业来说做到这一点相对来说比较容易，尽管政府的行政干预至今还不少，需要下大力气逐步克服。而对于国有企业来说，就很不容易。改革开放20多年的经验表明，国有企业从原来主管部门的附属物脱离出来，成为独立的市场主体，是一个脱胎换骨的改造。对企业来说，原来事事靠上级主管部门，按照它们的指令办事，经济效益好坏不在乎，没有改善经营管理的积极性和主动性，没有活力。现在要转变为市场主体，自主经营、自负盈亏，就必须努力适应市场，参与市场竞争，承担风险，搞得好，就能不断发展壮大，经营者和职工也能增加收益，否则就可能亏损甚至破产。另外，要转变政府职能，实行政企分开、政资分开，政府不再干预企业的生产经营活动。为使国有企业成为独立的市场主体，不但要政企分开，还要政资分开，即政府公共管理职能与政府履行国有资产出资人职能分开。政府对国有独资和控股、参股企业的国有资产履行出资人职能时，只能当股东，不能扮演董事会和经理层的角色，否则还是政企不分、政资不分。

第三，国家的宏观调控主要是落实科学发展观，促进国民经济的平稳、较快发展。现代市场经济并不是完全放任由市场机制调节的，而是有国家的宏观调控的。社会主义市场经济也是这样。党的十六大报告指出："要把促进经济增长，增加就业，稳定物价，保持国际收支平衡作为宏观调控的主要目标。"这是对改革开放20多年来我国宏观调控丰富经验的科学总结，是符合市场经济发展规律的。在社会主义经济中，要搞好宏观调控，就要树立和认真落实科学发展观，实现全面、协调、可持续发展。这是我国发展社会主义市场经济经验的重要总结。（党的十八大以后，以习近平同志为核心的党中央又进一步提出创新、协调、绿色、开放、共享的新发展理念）。宏观调控主要是总量调控，即调节社会总供给和社会总需求的关系，使之基本协调，监控指标主要是GDP增长率、投资增长率、物价上涨率、失业率等。由于宏观调控首先且主要是总量调控，因此调控权必须集中在中央政府。我国在确定宏观调控任务时，除提出要保持总量平衡和经济稳定外，也列入了优化经济结构。这里说的经济结构应是重大结构，如第一、第二、第三产业结构，大的区域结构等。考虑到中国拥有强大的国有经济和数额超过年GDP的国有资产，政府的经济职能一直较强，政府常用产业政策来调整产业结构，所以，宏观调控除了主要运用财政政策和货币政策外，还可运用产业政策，在实现经济总量平衡的同时，改善产业结构，加强薄弱环节，约束某些产业的过度扩张。政府的产业政策是否有效，主要看政策的制定是否符合市场经济规律，是否符合国家的长远发展战略，是否有利于国民经济的平稳和较快发展。

第四，科学评价市场经济活动效果，保证社会主义市场经济的可持续发展。科学评价市场经济活动的效果，难点不在企业，因为评价企业经济活动效果的主要指标或中心指标是利润和利润率，这点早已成为共识。真正困难的是在政府，主要是地方政府成为经济活动的重要角色时，如何评价地方政府及其官员的政绩。过去，人们一般用GDP及其增长速度作为评价政府部门绩效的主要标准，但是，多年的实践，特别是近几年的实践表明，这样做存在不少问题。把GDP及其增速作为评价政府政绩的唯一或最主要指标：其一，必然忽视各项社会事业的发展，造成“经济发展腿长社会发展腿短”的不协调局面。其二，会鼓励政府的短期行为，影响经济的可持续发展。因为经济的增长，GDP的增长，可以采取有水快流的办法，即用粗放外延扩张的形式，消耗大量的资源和能源，破坏生态环境，在一个短时期内实现经济、GDP的高速增长。这对像我国这样一个资源相对不足、生态脆弱、环境污染严重的国家来说，显然是不可取的，也是难以为继的。其三，还会促使有的政府官员造假。过去流行“官出数字，数字出官”，指的主要是官员造假虚报GDP数字，夸大成绩，然后骗得升官。为了使我国社会主义市场经济可持续发展，需要建立科学的评价体系。就全国或一个地区来说，首先是逐步把GDP增长单一指标改为多方面指标，比如联合国可持续发展委员会提出了四个方面的指标：社会、环境、经济、制度，我们可以借鉴。其次是将GDP指标逐步发展为绿色GDP指标或加上绿色GDP指标。最后是加强对统计数字的核实，严肃查处作假者，增强统计信息的透明度和准确性。

第五，依法规范市场经济活动，保障市场经济健康运行。现代市场经济是法治经济。中外经济实践证明，市场经济只有在法治轨道上运行，才能比较有效地发挥其积极作用，减轻因其自发调节带来的种种消极作用。社会主义市场经济也是法治经济。1997年，党的十五大确定了依法治国的方略。这是我国从人治转向法治的重大转变。党的十六大报告提出，要适应社会主义市场经济发展、社会全面进步和加入世贸组织的新形势，加强立法工作，提高立法质量，到2010年形成有中国特色社会主义的法律体系。在社会主义市场经济中，正确界定政府、市场和企业的关系非常重要。一般来说，凡是靠市场能解决而又有效率的，政府都不要去管。凡是公民、企业、社会组织包括中介组织等能够自主有效解决的，除法律另有规定的以外，政府也都不要去管。政府主要从事公共管理。政府在使用纳税人缴纳的钱财时，要节俭、高效、清廉。所有这些，都要用法律法规确定下来，成为大家的共识和行为准则。还有，必须公正执法。如果不能公正执法，再好的法律也用处不大，社会主义市场经济还是不能在法治轨道上运行。因此，必须在全社会形成良好的法治观念和守法意识，形成良好的司法环境。在这方面，除了进行宣传教育等外，政府和领导干部要带头执法，严格执法，真正做到在法律面前人人平等，任何人都不能凌驾于法律之上。

需要指出的是，关于社会主义市场经济的特征和规律性，要随着社会主义市场经济的发展不断加以丰富和发展。比如，社会主义市场经济是开放型经济，随着对外开放的进一步扩大和深化，如何更好地构建开放型经济新体制就值得认真研究，并作出恰当的概括。党的十八届三中全会通过的《中共中央关于全面深化改革若干重大问题的决定》和十九大报告作出了许多重要论述，值得我们好好跟踪研究，寻找具有本质性规定的特征。在对外开放中，如何参与和改善全球经济与金融治理，也是一个大的课题。还有，在社会主义市场经济发展过程中，随着人均GDP接近或超过1万美元水平，为加强社会建设和环境治理投入更多的资源，经济增速是否会从高速向中速转变，这种转变会持续多长时间，也是值得大家思考和研究的问题。

五　提出稳中求进的改革和发展思路，被认为是稳健改革派

1987年，中国社会科学院课题组（负责人是刘国光教授

和我）接受国家体改委委托研究中期（1988—1995年）经济改革规划纲要，提出了稳中求进的改革和发展思路。此后，我多次发表文章，主张：改革和发展都要稳中求进；经济改革要逐步推进，不赞成一步到位；在一般情况下要实施稳健的宏观经济政策，反对用通货膨胀的政策来刺激经济的高速增长；等等。因此，被学界称为中国经济学家中的“稳健改革派”。

（一）1987年提出稳中求进的改革和发展思路

1987年，国家体改委组织中国社会科学院课题组、中央党校课题组、北京大学课题组、中国人民大学课题组、吴敬琏课题组、国务院农研中心发展研究所课题组、国家计委课题组和上海市课题组，针对我国中期（1988—1995年）经济改革规划纲要分别作报告。我们中国社会科学院课题组（负责人是刘国光教授和我）提出了稳中求进的改革和发展思路。我们的报告提出：“我们的思路，在改革与发展的关系方面着眼于稳定经济和深化改革的有机辩证结合，即‘双向协同，稳中求进’；而在深化改革方面，要求是微观基础的改革和运行机制的改革相互配套，即‘两条主线’同步改革。”“要以稳定经济的措施来保证改革的推进；在推进改革时对改革措施要有所选择，对出台时序要巧为安排，用深化改革促进经济稳定，做到‘双向协同，稳中求进’。稳定经济必须作为一项长期的方针。这是因为：一、经济发展‘快了还要求快’的数量驱动和扩张冲动，还普遍存在，形势稍趋好转便会走向‘过热’。二、改革放权，使地方、企业有了自己支配的财权和财力，形成了新的膨胀主体。预算外投资已经成为社会固定资产膨胀的主力，工资基金、津贴以及社会集团购买力也由此而难以控制，不断猛增。三、结构失衡和总量膨胀互为因果，循环推动。因为当地方政府和企业成为新的投资主体之后，利润高低已对投资起引导作用，而价格仍旧扭曲，这便引导投资涌向价高利大的‘短平快’项目，而能源交通等‘瓶颈’部门则更加短缺，中央政府被迫以更大规模投资于‘瓶颈’部门，面多加水，水多加面，加剧了总量膨胀。四、传统的宏观调节手段已经弱化而新的调节手段尚未形成。这些都使得总量膨胀成为不断萌生的常态，因而必须始终坚持适度紧缩的宏观政策，而不是作为短期的危机治理手段。”①

我在此后写了一些文章，继续阐发稳中求进的改革与发展思路，比较具有代表性的是在《中国物资经济》1990年第1期上发表的文章《经济发展和改革都要稳中求进》。文章分两部分。第一部分标题是《经济要在稳定中求增长》，并说：“国家的宏观经济政策是增长优先还是稳定优先，各国历来都有争论。我国经济学界和经济界这几年也展开过不同意见的争论。增长优先论者认为应实行赤字财政和通货膨胀的扩张性宏观经济政策，以支撑经济的高速增长，经济的稳定服从增长。稳定优先论者则主张稳中求进，在经济稳定的

① 刘国光等：《80年代中国经济改革与发展》，经济管理出版社，1991，第71~72页、第75页。

前提下实现经济增长，认为应实行稳健的宏观经济政策，不搞赤字财政和通货膨胀，坚持稳定物价的方针。1984年下半年以来，由于前一种意见在实际决策中占了上风，加上传统体制固有的投资饥饿症等膨胀机制继续起作用，不断的经济扩张，急于求成，导致1988年夏出现严重的经济危机。实践证明，我国不能实行牺牲稳定求增长、不断扩张的宏观经济政策。”

第二部分标题是《经济改革要稳步推进》，并说：“1987年底，中国社会科学院课题组在《中国经济体制中期（1988—1995年）改革纲要》一文中，提出了稳中求进的改革思路。这就是：经济体制改革要在经济稳定的基础上才能顺利推进，因此，先要用三年（1988—1990年）时间治理经济环境，主要是治理通货膨胀，紧缩财政与信贷，只有在宏观经济比例重新协调后，改革才能在企业改革和价格改革两个方面较大规模地深入展开；在稳定经济期间，改革只能有选择地进行，推进有利于稳定经济的改革，价格改革只能迈小步。同时，稳中求进还要求改革本身要稳步推进，不能企求一次到位，毕其功于一役，而是要互相协调和配套、互相促进。当时有的同志对这种改革思路表示不赞成，认为过于保守，不够改革，企图否定稳中求进的改革思路。我认为，稳中求进的改革思路是有根据的，能够经受住实践考验的。”“这几年我国经济体制改革的一个重要教训是没有处理好改革与发展的关系，在发展急于求成时，改革也急于求成，结果欲速则不达。几次大的价格改革方案，拟订得很详细（连调价目录都已印好），但无法出台，就是因为经济过热，经济环境恶化，只好一再推迟。事实证明，没有相对宽松的经济环境，改革就难以全面推进，并且容易出现种种‘改革病’（如陷入所谓物价、补贴、税收‘百慕大三角区’）。”“改革本身也要稳步配套推进。这是因为，改革是复杂的社会系统工程，要求多方面的协调和配合，个别方面孤军突出会搞乱阵脚，出现类似交通秩序混乱的问题。更重要的是，改革是经济基础和上层建筑各个环节的全局系统的改善与变革，涉及人与人之间、地区间、部门间、企业间利益关系的调整与改变，这就需要慎重对待。改革过急，利益关系变动必然过大，就容易引发社会的震荡与冲突，影响社会的安定。改革的步子稳一些，改革的时间可能拖得长一些，改革的成本可能高一些，但却不容易翻船，能够避开大的风险比较顺利地到达彼岸。”

鉴于以上，我从1987年起主张和坚持稳中求进的改革和发展思路，并曾和不同意见展开争辩。比如在《数量经济技术经济研究》1989年第2期上发表《稳中求进还是改中求进》一文，同肖灼基教授发表的《肖灼基再谈“以改求进”》（《世界经济导报》1988年11月21日）一文进行商榷。因此，从20世纪80年代起，就有一些论著称我和中国社会科学院一些经济学家为中国经济学界的“稳健改革派”。我指导的研究生房汉廷2013年为庆贺我80岁寿辰，还专门写了《稳健改革派——中国社会科学院学部委员、著名经济学家张卓元评传》一书，由经济管理出版社2013年出版，全书共32万字。

（二）主张实施稳健的宏观经济政策，反对通货膨胀政策

1995年，我在经济管理出版社出版一本个人论文集，书名叫《论稳健的宏观经济政策与市场化改革》，我在本书前言中说："从20世纪80年代起，就有一些论著称我和中国社会科学院一些经济学家为中国经济学界的稳健派。的确，我一直主张实施稳健的宏观经济政策，经济发展和改革都要稳中求进，同时应坚持市场取向的改革，以改革促进经济稳定和使经济转入良性循环。尽管这些见解遭到一些经济学家的非议，但我至今不悔，并打算作出进一步的论证。最后还是用实践来检验和作结论吧！"

先说说本书中的一篇较有代表性的论文，该文发表在《经济研究》1992年第1期上，题目是《继续实施稳健的宏观经济政策》。文中说："实施稳健的宏观经济政策，是保持宏观经济稳定和协调的关键。""实施稳健的宏观经济政策，就要放弃通货膨胀的做法，不能用通货膨胀来刺激或支持经济的高速增长。国内外经验都证明，通货膨胀只能使经济在短时期里上去，从长远看反而不利于经济的增长。我国1985—1988年的教训说明了这一点。""实施稳健的宏观经济政策，中心在于不要片面追求经济的高速发展。根据中国目前的情况，特别是多种价格关系还未理顺的情况（价格关系是否合理，根据世行的资料，将影响经济增长约两个百分点），以6%或稍多一点的经济（GNP）增长率和10%或稍多一点的工业发展速度为好，这个速度不能说太慢，它比一

般国家的经济增长率要高，同时也能实现第二步经济发展战略目标（实现第二步目标只要求今后年均5.5%的GNP增长率），所以从长期看，这个速度是快的。到20世纪末，当经济转入良性循环、新经济体制建立起来并起主导作用后，经济增长率有可能快一些，尽管那时基数比以前大。根据中国过去的经验，GNP年均增长率超过10%，工业发展速度超过15%，经济就会出现过热，引发通货膨胀。因为经济发展速度一高，通货膨胀就会伴随而来。”

“实施稳健的宏观经济政策，要点为：①实施稳健的货币政策。一是要控制货币供应量，货币供应的增长率控制在经济增长率+5%以下的物价上涨率，可能比较稳妥。经济货币化因素和货币流通速度对货币供应增加的影响作用不是很大，可以不予考虑。为控制货币供应的过量增加，就要控制贷款投放，贷款增加率不能太快。二是要实施正确的利率政策，保持实际的正利率，即名义利率应高于物价上涨率，正值在2%～4%之间为宜。②实施稳健的财政政策。……③努力保持物价总水平的基本稳定。物价基本稳定是经济稳定的最重要标志。物价基本稳定，市场就稳定繁荣，人心就安定，社会也就稳定，表明国民经济的运行处于正常的状态。国家在制订计划和政策时，要把保持物价的基本稳定放在重要地位：不能像1988年有人建议的那样，抛弃稳定物价的口号；也不能在改革过程中更新观念时，把稳定物价的观念也更新掉。稳定物价：一是指不是冻结物价，而是稳定或基本上稳定物价总水平，各种商品和劳务的相对价格应根据供求关系的变化而变化；二是指基本稳定，不是绝对稳定和要求零增长，年物价上涨率在3%以下就可以说是基本稳定，一般情况下物价上涨率不要超过5%。在改革时期，为了理顺价格关系，物价上涨率可能高一些，但也不应高于名义利率，一般不应超过7%或8%甚至到两位数。”

接着说说这本书中的另一篇文章，题目是《货币供应增长率应控制在比GNP增长率高一倍以内》（载《中国工业经济研究》1994年第5期），文中说：“根据我们的计算，1979—1987年，由于经济的货币化进程加速，特别是农村经济的逐步商品化、货币化，每年要求现金增长率约2.3%。根据有关部门计算，1984—1987年，我国货币流通速度减慢年平均为2.05%，这正好相当于货币化要求的货币增长率。”“在价格改革过程中，由于调整价格和放开价格，将带来年均6%左右的物价上涨率，这个6%也可看成是由于实行价格改革、理顺物价关系，要求货币供应的增加率。实际上，我国实行改革开放以来，从1978—1992年，全国零售价格指数上升了125.24%，平均每年为5.97%，正好反映了这一情况。”“拟定20世纪90年代我国经济年均增长9%到10%，那么，我国货币供应量增长率需控制在9%或10%+2%或3%再+6%的范围内，即控制在17%到19%的范围内，也就相当于年GNP增长率的两倍范围内。”

我在文中最后得出结论：“对中国来说，我认为，年均6%左右的物价上涨率（个别集中改革的年份物价上涨率最好也不要超过两位数），看来是社会和公众在改革期间所能承受的，不致影响经济的稳定，这样的物价上涨率可以容许9%左右的经济增长率。因此，6%左右的物价上涨率和9%左右的经济增长率，可能是中国经济发展的较佳结合点。过去的经验告诉我们，超过6%的物价上涨率，特别是物价上涨率超过10%，必然影响经济的稳定，必然要求对宏观经济运行调整，恢复社会总供给和总需求的平衡或基本平衡，这就必然使已经过高的经济发展速度降下来，甚至大起大落，使经济蒙受重大损失。”

进入21世纪后，我仍然坚持上述观点。2004年10月18日，温家宝总理在国务院第一会议室主持召开经济形势座谈会，我有幸被邀请参加。会上，我发言提出，根据改革开放以来的经验，中国经济增长速度以9%左右为宜，不要总希望实现两位数增长，特别是不要连年以超过10%的速度增长，否则会使经济过热，引发通货膨胀。而正好从2003年到2007年，每年GDP增速都达10%或以上，其中2003年为10%，2004年为10.1%，2005年为11.4%，2006年为12.7%，2007年为14.2%，都处于过热状态，经济严重失衡，资产如股票、房地产等价格猛涨。我还记得，当时参会的樊纲教授在谈到经济增速问题时，也发表了大体与我相同的看法。

六 较早提出适当放缓经济增速和深化改革，致力于转变经济增长和发展方式

2005年，党的十六届五中全会通过的《中共中央关于制定国民经济和社会发展第十一个五年规划的建议》中，又一次提出转变经济增长方式问题（1995年制订“九五”计划时

曾提出要转变经济增长方式），该建议指出："必须加快转变经济增长方式。我国土地、淡水、能源、矿产资源和环境状况对经济发展已构成严重制约。要把节约资源作为基本国策，发展循环经济，保护生态环境，加快建设资源节约型、环境友好型社会，促进经济发展与人口、资源、环境相协调。推进国民经济和社会信息化，切实走新型工业化道路，坚持节约发展、清洁发展、安全发展，实现可持续发展。"

文件起草组组长温家宝总理在对建议作说明时说，"大力转变经济增长方式，是要切实抓好的关键问题。长期以来，我国经济发展过多地依靠扩大投资规模和增加物质投入，这种粗放型经济增长方式，与资源、环境的矛盾越来越尖锐，已经不能再继续下去了。必须从根本上转变经济增长方式，对此要有强烈的紧迫感。要从推动科技进步、深化体制改革、加强科学管理等方面采取更加有力的措施，着力提高资源利用效率、降低物质消耗、保护生态环境，坚持节约发展、清洁发展、安全发展，实现可持续发展"。

在阐发切实转变经济增长方式问题上，我较早地提出：一是要适当放缓经济增速；二是要深化价格、财税和干部政绩考核等改革。

（一）2006年提出要适当放缓经济增速，致力于转变增长方式

2006年，我在《天津社会科学》第4期发表了《适当放缓经济增速切实转变经济增长方式》一文。文章第一部分讲到，

2003—2005年连续3年GDP增速达10%及以上，带来了三大问题：一是部分行业由于过去过度投资出现生产能力过剩，钢铁、电解铝、铁合金、焦炭、电力、汽车和铜冶炼行业产能过剩问题突出。二是资源消耗过度，特别是能源消耗过度，环境污染越来越严重。由于资源过度消耗，我国主要矿产资源的对外依存度已从1990年的5%上升到2006年的50%以上（其中石油为40%以上）。2004年，我国GDP按当时的汇率计算占全世界GDP的4%，但消耗了当年全球消耗的8%的原油、10%的电力、19%的铝、20%的铜、30%的钢铁和31%的煤炭。三是加大了收入差距。在经济过热时，一些小煤窑主、房地产商、钢铁企业老板发大财，一夜暴富，而一般老百姓收入增加不多。为了在“十一五”时期切实转变经济增长方式，摒弃多年来拼资源、拼能源、先污染后治理、一味粗放扩张的做法，需要适当放缓经济增速，引导各方面致力于主要依靠科技进步和劳动力素质提高实现经济增长，致力于调整和优化经济结构，提升产业水平，提高经济增长的质量和效益，处理好经济增长同人口、资源、环境的关系。所以，我认为，“十一五”时期年均经济增速为7.5%，2006年为8%是现实可行的，既属于快速增长范畴，又有利于落实科学发展观。

文章第二部分提出2006年前后需着重防止投资继续过快增长，而不是防止通货紧缩（2005年全国政协经济委员会关于宏观经济形势讨论会上，林毅夫委员曾明确提出：“我认为，下半年通货紧缩不可避免。”见《经济界委员通讯》2005年第6期，第143页）。第三部分标题是《“十一五”时期最突出的任务：转变经济增长方式》。第四部分的标题是

《深化改革，形成有利于转变经济增长方式的体制机制》。

我提出适当减缓经济增速，是同我认为2003年起我国经济存在过热倾向有直接关系的。2004年初，全国政协经济委员会曾对当时的经济形势展开了比较热烈的讨论，讨论的议题是中国经济是否出现过热的现象？全国政协经济委员会主办的《经济界委员通讯》2004年第2期在委员论坛上发表了四篇文章，分别是刘仲藜的《判断经济“冷”“热”要作具体分析》、厉以宁的《中国经济“怕冷不怕热”》、吴敬琏的《中国经济出现“过热”》和我的《经济总体上出现了“过热”倾向》。下面，我把我的观点介绍一下。

“总的来说，中国经济在2003年取得的成绩是令人满意的，应该给予充分的肯定。但是，一些统计数据表明，经济出现了过热的倾向和苗头。经济是否过热是个总量概念，2003年的统计数据显示，我国在投资和信贷方面增长速度过快，表明经济总体上出现了过热倾向。用局部过热的说法，不能准确描述问题所在。

“我国经济发展目前处于上升阶段。但是，某些基础性行业产品的短缺使价格上涨，并且幅度不小。如果继续发展下去，价格上涨的信号将传递到产业链条的中游和下游产品上，造成产品价格普遍上涨，则容易将整个经济拖入通货膨胀的漩涡，不利于我国经济保持健康、可持续发展。目前，居民消费价格指数上涨较快，我认为，如果能够控制在5%以下，经济和社会是可以承受的。因此，我们的任务是找出问题的根源，将价格指数控制在合适的范围内波动，这是最理想的。但我有些担忧，一旦价格指数上涨形成趋势，就很难迅速有效控制住了。

“回顾历史，中国经济最忌讳大起大落，而经济大起是经济大落的原因。没有经济大起就能避免经济大落，每一次经济大落的前面肯定是经济大起。因此，我们在经济形势向好的方向发展时，更要保持经济的稳定发展，谨防经济过热和经济大起后带来的经济大落。

“扩张性财政政策作为一项调整经济周期的宏观经济政策，不应长期化。财政赤字占GDP的比例要控制在3%以内。2004年长期建设国债发行应继续保持一定的规模，有利于政策的连续性和稳定性。小的调整也将出现：在综合考虑建设规模的基础上，发行量会逐步减少；在国债投向的结构上，将进一步倾向农村和社会发展等方面。此外，还要保证一些国债项目的收尾工程建设。

“2003年拉动经济增长的三驾马车中，投资和出口所发挥的作用很大，投资和出口增速都很高。从2004年的情况

2011年3月在同和居，从左至右为黄范章、吴敬琏、周叔莲、我

看，投资和出口很难像2003年那样超高速增长，而消费的增幅是较稳定的。因此，2004年整个经济发展速度会保持较快步伐，但增长幅度要超过2003年很难。

“总结过去的经验，我国经济发展需要着力解决的是十六届三中全会提出的‘五个统筹’的问题，这也是全面建设小康社会需要解决的突出问题。我们应按照‘五个统筹’——统筹城乡发展、统筹区域发展、统筹经济社会发展、统筹人与自然和谐发展、统筹国内发展和对外开放的原则要求，全面推进小康社会建设。只有树立全面、协调、可持续的发展观，才能够保持国民经济持续、快速、协调、健康发展的态势。”

我的上述观点，不仅体现在我在全国政协经济委员会的发言中，也体现在我在其他研讨会的发言和发表的文章。

（二）转变经济增长方式主要靠深化改革

2005年，我在《经济研究》第11期发表了题目为《深化改革，推进粗放型经济增长方式转变》的1万多字的长文，系统地阐述了我关于深化财税、价格等改革推动经济增长方式转变的想法。

文章第一部分的标题是《资源瓶颈制约突出，转变经济增长方式刻不容缓》。文中提出，我国人均耕地占有量为世界平均水平的40%左右，人均淡水资源占有量仅为世界平均水平的1/4，人均占有的石油、天然气和煤炭资源储量分别为世界平均水平的11%、4.5%和79%，45种矿产资源人均占有量不到世界平均水平的一半，铁、铜、铝等主要矿产资源储量分别为世界平均水平的1/6、1/6和1/9。同时，资源能源利用效率低，钢铁、有色金属、电力、化工等8个高耗能行业单位产品能耗比世界先进水平高40%以上，单位建筑面积采暖能耗相当于气候条件相近的发达国家的2～3倍。工业用水重复利用率、矿产资源总回收率分别比国外先进水平低15%～25%和20%。中国矿产资源总回收率只有30%，城市水的回用率也仅为30%左右。粗放型经济增长方式对环境施加的压力日益增大，几近极限。2003年，我国工业和生活废水排放总量为680亿吨；化学需氧量排放1334万吨，居世界第一位；二氧化碳年排放量仅次于美国，居世界第二位。全国七大水系38%的断面属五类及劣五类水质；90%流经城市的河段受到严重污染；大部分湖泊富营养化问题突出；近岸海域污染面积仍在扩大，赤潮灾害频繁发生；全国近一半的城镇水源地水质不符合原水标准，农村尚有近3亿人喝不上符合标准的饮用水；酸沉降、光化学烟雾、细颗粒物已经在城市密集地区构成严重的区域性污染。与此同时，生态退化问题也比较突出。目前，全国水土流失面积为356万平方公里，占国土面积的37%。沙化土地面积为174万平方公里，且有扩展之势。草原超载放牧，乱采滥挖现象严重，鼠虫灾害频繁，全国退化草原面积已占草原总面积的90%。

文章第二部分的标题是《从体制机制方面逼迫经济增长方式转变，提高经济增长的质量和效益》。文中提出，我国粗放型经济增长方式之所以难以根本转变，重要原因在于我国现行财税、价格等体制，刺激各地热衷于工业立市和外延式经济扩张。一是地价低，一些地方政府用行政权力向农民低价征地，然后办开发区等，用低价出让土地招商引资。二是水价低，2003年，我国城市的每立方米水价为0.15美元，农用水几乎是免费的，而国外每立方米水价南非是0.47美元，美国是0.51美元，德国是1.45美元。三是能源价格包括煤价、油价、电价低。大量高耗能产品之所以争着出口，就是因为中国能源价格低。四是矿产品价格低，我国15万家矿山企业中仅有2万家矿山企业是要付费取得矿山开采权的，绝大部分矿山企业是通过行政授权无偿占有的。我国矿产资源补偿费平均率为1.18%，而外国一般为2%～8%。要改变粗放型增长方式，形成节能、节地、节水、节材的生产方式和消费模式，必须深化经济体制改革，特别是财税体制改革和价格改革，使各种生产要素和产品的价格能很好地反映资源的稀缺程度，此外还要切实转变政府职能等。

第三部分的标题是《财税体制和政策怎样促进经济增长方式的转变》。文中提出：首先，要完善预算制度，将所有政府性收入全部纳入预算管理统筹安排使用，接受人大和公众的监督。城市政府的土地收入和一些收费与基金等预算外资金往往被地方政府用于搞开发区、市政形象工程、政绩工程等，铺摊子，上项目，粗放式扩张，造成土地和其他资源的滥用浪费，引发经济走向过热。其次，设立与完善有利于资源节约、环境保护和经济增长方式转变的税收制度。包括以下几项：调整和完善资源税；实施燃油税；取消高耗能、高污染和资源性产品的出口退税；稳步推行物业税；对有利于转变经济增长方式的自主创新和技术改造、发展循环经济、节能及节材产品的生产和使用、保护生态和环境的行为等，给予财政支持和税收优惠。

第四部分的标题是《深化价格改革，要点是使生产要素和资源产品价格能反映资源稀缺程度》。文中提出，高投入、高消耗、高排放、低效率的粗放型增长方式之所以难转变，是因为我国的生产要素价格和资源产品价格长期受国家管制，严重偏低。要转变经济增长方式，建立节地、节能、节水、节材的生产方式和消费方式，必须积极推进生产要素和资源产品价格改革，建立反映市场供求关系和资源稀缺程度的价格形成机制，节约利用资源，提高效率。要节能，首先要调整过低的能源价格。国外有经济学家曾对2500家公司做过一次研究，发现能源使用量的降低55%归功于价格调整，17%归功于研究与开发的结果，还有12%源于所有制形式的不同，其余则归结为工业所占份额的变化。在水价方面，国际普遍流行的水价构成包括水资源价格、水工程成本、水处理成本、水管理成本及污水处理费。而我国的水价只包括水工程成本、水处理成本和污水处理费。可见，要节约用水，必须提高水价，用价格杠杆来限制水的滥用浪费。国外一些资料也证明了这一点。美国的研究结果是：水价从每立方米7.9美分提高到每立方米13.2美分，用水量减少42%；从15.9美分提高到21.1美分，用水量减少26%。提高水、电、油等的价格后，要考虑对农民和低收入群体提供某种补助，包括适当提高最低生活保障标准等。此外，最重要的生产要素资本的价格利率的市场化仍需继续推进，还要稳步推进汇率形成机制改革。劳动力价格形成机制也要随着劳动力市场的完善而逐步完善。技术价格已基本由市场形成，当前最重要的是要切实保护知识产权，打击侵权行为，在这个前提下完善价格形成机制等。

第五部分的标题是《推进其他方面改革，形成促进经济增长方式转变的合力》，文中提出：首先，要切实转变政府职能，从经济建设型政府转为公共服务型政府。真正实行政企分开、政资分开、政事分开、政府与中介组织分开，政府不再干预微观经济活动。政府要贯彻以经济建设为中心的方针，但不能因此就自认为是经济活动的主角，主导经济资源的配置。在社会主义市场经济条件下，经济活动的主角是企业。经营城市是政府职能错位的体现。其次，改革干部政绩考核和提拔任用体制。干部政绩不能只看GDP（和绿色GDP）增速，更要看市场监管、社会管理和公共服务水平，包括就业、社会保障、教育、文化、环保、生态保护、医疗卫生以及社会秩序、信用、法治环境的改善等。最后，深化企业改革特别是国有企业改革，形成转变经济增长方式的微观基础。此外，深化金融体制改革，完善市场体系和市场秩序，逐步理顺分配关系，提高外贸的质量、效益和利用外资的质量等，这都将使我国经济运行逐步走上转变增长方式、建设资源节约型和环境友好型社会的轨道，从而使我国经济持续地实现快速健康发展。

这里还要补充一项与上述有关的议题，就是在2004年底，在全国政协经济委员会会议上，我从走新型工业化道路的角度，提出不能再走传统的粗放型的外延扩张式的发展路子。我指出：“党的十六大报告提出要走新型工业化道路，并概括了新型工业化道路的五个特点，即科技含量高，经济效益好，资源消耗低，环境污染少，人力资源优势得到充分发挥。现在看来，十六大的这一决定是非常正确的，对我国经济的发展有极其重要的指导意义。但是，要坚持走新型工业化道路，落实十六大的要求，并非易事。2003年以来我国经济外延式的迅速扩张表明，在体制不健全、政府职能转换不到位的情况下，传统的拼资源、拼能源、拼环境的外延型发展模式是很难得到扭转的。根据国家发改委的资料，2003年，我国原油、原煤、铁矿石、钢材、氧化铝和水泥的消耗量，分别约为世界消耗量的7.4%、31%、30%、27%、25%和40%，而创造的GDP仅相当于世界总量的4%，谁都可以想象，这样的发展是难以为继的，并且又一次给我们敲响了警钟，即传统的粗放型的外延扩张式的发展路子不能再走下去了，必须认认真真地走新型工业化道路。走新型工业化道路，要坚持以信息化带动工业化，以工业化促进信息化，推进产业结构优化升级，形成以高新技术产业为先导、基础产业和制造业为支撑、服务业全面发展的产业结构。但是，2003年以来，全国许多省市，为追求GDP的高速增长，一个劲儿发展钢铁、化工、汽车等重化工业，继续保持‘高投入、高消耗、高排放、难循环、低效率’。近年来，一些经济学家建议采用绿色GDP作为考核地方政府政绩的重要指标，看来不无道理。与此同时，还要有体制机制上的完善、政府方针政策的调整与完善相配合，使新型工业化道路真正得到贯彻落实。”（见《经济界委员通讯》2004年第12期，第7~8页）

2007年3月，在政协第十届全国委员会第五次会议上，我有一个大会书面发言，题目是《用节能减排等约束性指标制约盲目攀比GDP行为》。文章指出，2006年GDP增速达10.7%，大大超出原来8%的预期，而单位GDP能耗仅下降1.23%，没有达到下降4%的目标，主要污染物二氧化硫排放量和化学需氧量不降反升，根据国家环保总局公布的数字，两者分别比2005年增长1.8%和1.2%，也没有达到减排2%的目标。当务之急：第一，是要求各级政府和政府领导转变观念，转换指导思想，把注意力更好地集中在转变经济增长方式上，把节能减排工作真正放在经济工作的首位，而不再把追求GDP的高速增长放在首位，用节能减排等约束性指标制约各级政府盲目攀比GDP的行为。第二，要完善体制。现行的干部考核和选拔体制基本上还是以GDP论英雄，谁领导的

与十七大报告起草组部分成员合影，从左至右为郑新立、王梦奎、我、郑必坚、林兆木、施芝鸿

地区GDP增速快就提拔谁，在政府拥有很大的资源配置权力的背景下，政府官员更不顾任何代价地追求GDP增速，从而大大淡化了节能减排指标的约束性。现行的以流转税为主的税收体制，也使地方官员一个劲儿地发展高耗能、高排放的重化工业，不重视能耗低、污染少的第三产业和高新技术产业的发展。因此，需尽快完善干部考核体制和财税体制，切实转变政府职能。第三，要调整政策，特别是尽快提高能源资源等的价格，对排污坚决收费。第四，做到监管到位，严格执法。第五，落实责任。节能减排既然是“十一五”规划的约束性指标，即政府必须保证完成的指标，就要由政府承担落实的责任，而且要各级政府层层落实（《政协第十届全国委员会第五次会议大会发言材料汇编》第四十六册（451—460），第1~4页）。

2007年3月16日，我在《光明日报》上发表了《用节能减排等约束性指标制约盲目攀比GDP》一文，又在中央党校《理论动态》（2007年5月30日）发表《节能减排是硬约束》一文，更加系统地阐发了节能减排与转变经济增长方式的内在关系。

（三）从多方面论证中国经济转为质量效益型的必要性和紧迫性

我从参加2005年党的十六届五中全会通过的《中共中央关于制定国民经济和社会发展第十一个五年规划的建议》和2007年党的十七大报告起草工作中深切了解到，中国经济经过近30年的高速增长和粗放扩张，资源和生态环境的瓶颈制约问题已十分突出，迫切需要转变经济增长方式和发展方式，实现经济转型，从追求数量规模扩张转变为注重质量，提高效益，经济增长从主要依靠物质资源消耗转变为主要依靠科技进步、劳动者素质提高和管理创新。从此以后，我写了几十篇文章，从各个方面论证中国经济转型的必要性和紧迫性。我还于2005年、2006年、2007年，在不同场合中直接建言，适当放缓经济增速，腾出一部分资源和精力，致力于转变经济增长方式和发展方式，促进科技进步，调整经济结构，节约资源，保护环境，推动经济转型。2012年，在编辑出版中国社会科学院学部委员专题文集时，我的文集名叫《中国经济转型论集》，2013年由中国社会科学出版社出版，共62篇文章，40万字。下面简要介绍其中两篇代表性论文。

我在2009年写了《中国经济需转型：从追求数量扩张转为注重质量效益——未来十年经济走势思考》一文，分别发表在内部刊物《理论动态》2009年和《中国流通经济》2010年第5期上。文章第一部分的标题是《中国经济因连年高速增长而积累了几个失衡问题》。文中指出，由于经济的连年两位数增长，加上在国际金融危机袭击下采取强投资应对措施保增长，中国经济出现了四大失衡。一是内外需失衡。2007年我国的出口依存度高达36%，比1998年东亚金融危机爆发时的18%高出一倍。二是投资与消费失衡，最终消费占GDP的比重降到50%以下，其中居民消费占GDP的比重2008年降到35.3%，这是我国内需不足的主要根源。三是经济高速增长付出的资源环境代价过大，即经济增长与资源环境承受能力失衡。四是区域、城乡发展失衡，居民收入差距过大且未能扭转。在上述四大失衡中，最主要的是投资与消费失衡。

文章第二部分的标题是《产能过剩问题突出》。文中指出，投资增速过快带来的一个问题是产能过剩。官方公布，2009年产能过剩的有6个行业，即钢铁、水泥、平板玻璃、煤化工、多晶硅、风电设备。实际上不止这6个行业。有一份材料说，在统计的24个行业中，有21个是产能过剩的。产能过剩问题如果用市场经济通行办法并不难解决，市场竞争会使竞争力差的企业被淘汰，退出市场。中国产能过剩问题的复杂性在于，不少产能过剩是在政府主导下形成的。政府主导的项目是软预算约束，产能过剩且无竞争力，产品卖不出去或者企业亏损，政府往往直接或间接出面，提供资金支持，不愿让其退出市场。

文章第三部分的标题是《“十二五”要逐步解决长期积累的失衡问题，实现可持续的增长》。文中指出，为顺利推进经济转型，对于今后5～10年的对策建议有三条。一是适当放缓经济增速。二是致力于调整结构。当前最重要的是调整投资消费结构，大力提高居民消费在GDP中的比重；调整收入分配结构，努力抑制居民收入差距过大的不正常现象；大力推进节能降耗减排减碳，努力建设资源节约型、环境友好型社会；加快城市化进程，加快农民转为市民的进程，这是今后扩大内需最为有效的选择；等等。特别需要指出的是，调结构、转变经济发展方式同追求GDP高速增长有时是有矛盾的。如何兼顾好优化结构、转变发展方式和经济增长，可能是今后经济工作最不容易处理好的难题。三是深化改革，完善社会主义市场经济体制。第一，深化政府改革，实现从经济建设型政府、追求GDP增速的政府向服务型政府转变。第二，深化价格改革，抓住物价稳定的有利时机，加快推进资源产品价格改革。第三，深化财税改革，尽快向公共财政转型。第四，深化金融改革。要吸收国际金融危机的教训，努力防止系统性金融风险，包括尽快建立居民存款保险制度。金融业要很好地为实体经济服务，促进资源配置优化。第五，深化垄断行业改革，放宽服务业市场准入，引入竞争机制，这对于加快金融、电信、铁路、公用事业、文化教育、医疗卫生事业的发展，优化产业结构，提高第三产业的比重，增加服务业就业岗位有着重要作用。第六，推进有助于提高中低收入者收入水平，有助于扩大消费的各项政策。

我在《新视野》2011年第2期上发表《转方式调结构是避开“中等收入陷阱”的正确选择》一文，提出转方式调结构是世界上许多中等收入国家面临的共同难题。为什么会出现“中等收入陷阱”？一般认为，发展中国家在摆脱贫困时，往往追求经济的快速增长，容易忽视技术进步、结构优化，以致出现经济与社会、城乡、地区、经济增长与资源环境失衡和分配不公，结果出现社会危机或经济负增长、失业率提高、收入差距扩大等问题。世行专家认为，从低收入阶段转到中等收入阶段后，一国的经济发展战略和增长机制需要有新的突破，延续过去的战略和机制会使一国难以从中等收入国家向高收入国家转变，他们将此概括为“中等收入陷阱”。

进入21世纪后中国一再提出转方式调结构，意在保持经济的长期较快增长，避开“中等收入陷阱”。回顾历史，中国关于转变经济增长方式和发展方式在有关正式文件中似乎经历了以下四个阶段。一是中央在1995年制订“九五”计划时，首次提出要从根本上转变经济增长方式，即从粗放型向集约型转变。二是2005年通过的《中共中央关于制定国民经济和社会发展第十一个五年规划的建议》中，重新强调要转变经济增长方式，但其内容有所扩展，提出了要从“高投入、高消耗、高排放、低效率”的粗放扩张的增长方式，转变为“低投入、低消耗、低排放、高效率”的资源节约型增长方式。三是2007年党的十七大进一步提出要加快转变经济发展方式，其内涵也扩展为“三个转变”，即促进经济增长由主要依靠投资、出口拉动向依靠消费、投资、出口协调拉动转变，由主要依靠第二产业带动向依靠第一、第二、第三产业协同带动转变，由主要依靠增加物质资源消耗向主要依靠科技进步、劳动者素质提高、管理创新转变。四是2010年初以来中央一直强调要加快转变经济发展方式。以上内容说明，中央在中国经济飞速增长，取得举世瞩目的成就时，对正在日益显露的矛盾和失衡问题是有清醒认识的，并及时提出了切中时弊的对策和举措。我们相信，只要沿着党的十七大和“十一五”规划建议精神走下去，我们就有希望再经过20年左右的努力，从中等收入国家行列，迈入高收入国家行列，即进入中等发达国家行列，避开“中等收入陷阱”。

七 提出社会主义市场经济论是改革开放主要理论支柱，认为社会主义与市场经济有机结合是中国特色社会主义政治经济学的主线

（一）社会主义市场经济论是改革开放主要理论支柱

2008年12月7日，我在《光明日报》上发表长文，题目是《社会主义市场经济论：中国改革开放的主要理论支柱》。文章从以下四个方面进行论述。

第一部分标题是《“三大改造”基本完成以来特别是改革开放以来探索计划与市场关系的科学结晶》。文中说，在社会主义建设过程中，如何认识和处理计划与市场的关系，一直是党和国家领导人艰辛探索和研究的问题，也是我国经济学界关注和讨论的热点。1956—1957年，1959—1964年，我国经济学界前后两次掀起了对计划与市场关系问题讨论的高潮。讨论中，一些经济学家对排斥商品货币关系和市场机制、否定价值规律作用的传统社会主义经济体制和理论，发起了一次又一次的冲击，提出了一系列今天看来仍富有启发性的观点和主张。

1978年党的十一届三中全会作出改革开放重大决策后，我国经济学界在党的解放思想、实事求是的思想路线指引下，又一次掀起了讨论计划与市场关系的热潮。1979年4月，在江苏省无锡市举行了全国经济理论讨论会，主题是“社会

主义经济中价值规律的作用”，到会300多人。会议的主流观点是：社会主义经济也是一种商品经济，价值规律调节社会生产和流通，市场竞争是社会主义经济的内在机制，企业是有自身利益的商品生产者和经营者。这表明，在对计划与市场关系的认识上向前迈进了一大步。

1984年党的十二届三中全会作出的《中共中央关于经济体制改革的决定》，肯定了社会主义经济是公有制基础上有计划的商品经济。市场取向改革旋即由农村向城市全面展开，市场机制的魔力进一步惊人地显现出来，老百姓普遍得到实惠。

市场化改革的节节推进和成效日益显露，一些经济学家进一步提出，社会主义商品经济就是社会主义市场经济，社会主义商品经济体制就是有宏观管理的市场经济体制，建立竞争性的市场经济体制，能够有力地促进资源配置优化和效率提高，促进经济增长。

党和国家领导人的政治智慧和勇于进行理论创新的精神对社会主义市场经济论确立并成为主流观点起着决定性作用。1979年，我国改革开放的总设计师邓小平就指出，社会主义也可以搞市场经济。1992年初，邓小平在南方谈话中进一步指出，计划多一点还是市场多一点，不是社会主义与资本主义的本质区别。计划经济不等于社会主义，资本主义也有计划；市场经济不等于资本主义，社会主义也有市场。计划和市场都是经济手段。在邓小平南方谈话的指引下，1992年10月党的十四大确定社会主义市场经济体制是我国经济体制改革的目标模式。从此，社会主义市场经济论确立起来，并逐渐得到经济学家和各界人士的普遍认同。

文章第二部分标题是《确立社会主义市场经济论之后中国改革开放全面大步展开》。文中指出，1993年，即确立社会主义市场经济论、明确社会主义市场经济体制是我国经济体制改革的目标模式后的第二年，党的十四届三中全会通过了《中共中央关于建立社会主义市场经济体制若干问题的决定》，对怎样建立社会主义市场经济体制作出了具体部署。该决定第一次明确了社会主义市场经济体制的基本框架。此后，中国市场化改革向深层次全方位迅速展开。

第一，国有企业改革从过去放权让利转向体制创新，以建立现代企业制度为方向，着力适应市场经济的发展。通过对国有经济布局和结构进行战略性调整和对国有大中型企业进行公司制股份制改革，使国有经济走出困境，许多国有大中型企业转换了经营机制，提高了市场竞争力和活力，国有经济的控制力得到增强。

第二，财政体制进行了重大改革。1994年实行了适应市场经济发展的分税制改革，即在中央和地方两级财政之间实行分税制，改变原来实行的地方财政包干的办法。在分税制中，增值税是最大税种，实行中央和地方分成，中央得75%，地方得25%，消费税则全归中央，增值税和消费税比上年增长部分以1：0.3的比例返还地方。这一改革一方面促进了财政收入的迅速增长，另一方面使中央财政收入在国家财政收入中占有的比重迅速提高，1993年中央财政收入占国家财政收入的比重为22%，而到2007年，这一比重提高到54.1%，这就使中央对地方财政转移支付的能力大大增强。

第三，2001年12月我国正式加入世界贸易组织，我国的对外开放进入了新阶段。加入世贸组织是顺应经济全球化潮流的重大举动，具有里程碑意义。作出这一决策是党的第三代中央领导集体最耀眼的历史功绩。“入世”以后，中国的经济总量、对外贸易、利用外资、外汇储备等的增速都加快了，中国对世界经济增长的贡献率2000—2006年平均值超过15%。

第四，个体、私营等非公有制经济大发展。1993年、1994年、1995年私营企业户数增幅都超过50%。1997年，党的十五大进一步肯定了个体、私营等非公有制经济是社会主义市场经济的重要组成部分。到2006年，私营企业达497.4万家，从业人员达6396万人，个体户达2576万家，从业人员达7500万人。私营企业和个体户营业额已突破6万亿元。多年来，个体、私营等非公有制经济是我国重要的经济增长点，是提供新就业岗位的主渠道，是满足全国人民不断增长的多样化的物质文化需要的生力军。

第五，积极推进社会领域改革。

第六，加快推进行政管理体制改革，转变政府职能。

在这期间，还实现了国有大型商业银行整体上市，进行了资本市场上的股权分置改革，取消了农业税，统一了内外资企业所得税，对一些垄断行业企业进行分拆和引入竞争机制，进行文化体制改革，等等。

由于以上许多改革在20世纪90年代的迅速推进，到2000年，我国已初步建立起社会主义市场经济体制，市场已开始在资源配置中起基础性作用。进入21世纪后，新体制按照发展社会主义市场经济的要求进行完善，以便使整个国民经济充满活力，富有效率，更加开放，继续为发展中国特色社会主义提供强大动力和体制保障，并争取于2020年建成完善的社会主义市场经济体制。

文章第三部分标题是《社会主义与市场经济的有机结合：一项具有划时代意义的理论创新》。文中提出，我国在社会主义条件下发展市场经济，是前无古人的伟大创举，也是一项全新的课题。在成功实践的基础上概括出来的社会主义市场经济论，是中国共产党人和马克思主义经济学家关于科学社会主义的重大理论创新，也是对经济科学的划时代贡献。

社会主义市场经济论的难点在于公有制与市场经济的有机结合。我国已确立了公有制为主体、多种所有制经济共同发展的基本经济制度。在这一基本经济制度中，个体、私营等非公有制经济能够与市场经济结合，这是没有问题的，问题在于公有制特别是国有制能否与市场经济结合。这不但是一个理论问题，更是一个实践问题。传统计划经济体制下的公有制和国有制是难以同市场经济结合的。改革开放后，各方面都在努力寻找能同市场经济结合的公有制和国有制的实现形式。经过多年探索和实践，我们终于找到了能够同市场经济结合的公有制包括国有制的有效实现形式——股份制。推进公有制企业包括国有企业的公司制股份制改革，可以使公有制企业适应市场经济的发展，改革成为自主经营、自负盈亏的市场主体和法人实体，并可以在公司制股份制框架下逐步完善公司法人治理结构。因此，将公有制企业特别是国有大中型企业改革为现代股份公司，就可以同一般市场经济国家的现代公司接轨，不仅可以同非公有制市场主体展开平等竞争，而且可以走向国际市场，参与国际市场竞争。

在社会主义条件下发展市场经济，要求以人为本，以实现共同富裕为目标，防止两极分化。

社会主义与市场经济相结合，是社会主义和市场经济两个方面相互适应的过程。一方面，公有制要着力适应市场经济，国有制要通过股份制形式实现同市场经济的结合；另一方面，市场经济的发展要着重适应社会主义共同富裕目标。这样就能实现社会主义与市场经济的有机结合。我们对这一结合的成功实践充满信心，从而对社会主义市场经济论的科学性充满信心。

文章第四部分标题是《完善社会主义市场经济体制，发展社会主义市场经济，以此证明社会主义市场经济论具有旺盛生命力》。文中指出，首先，要深化改革，完善社会主义市场经济体制。我国已建立起社会主义市场经济体制的框架，新体制的优越性正日益显现，但还不完善，仍有一些改革攻坚任务有待完成，比如，政府职能转换改革、国有中央企业改革、垄断行业改革和收入分配制度改革等。之所以要攻坚，除了因为这些改革属于深层次，牵涉到许多人的切身利益外，还因为会受到某些既得利益群体的阻挠。这就需要有党和政府自上而下的有力推动，排除既得利益群体的干扰，提高改革决策的科学性，增强改革措施的协调性。完善新体制的另一个着力点是努力实现社会主义市场经济法治化，将社会主义市场经济活动纳入法治轨道。

其次，要在发展社会主义市场经济方面作出更加辉煌的成就。中国在社会主义条件下发展市场经济已经取得巨大成就。1978—2007年，GDP年均增速达9.8%，比1953—1978年年均增速高近4个百分点，比同期全世界年均增速高2倍。21世纪前20年对我国来说是一个难得的重要战略机遇期。我们要按照党的十七大提出的全面建设小康社会奋斗目标的新要求，到2020年全面建设成惠及十几亿人口的更高水平的小康社会。然后更进一步，到21世纪中叶基本实现现代化，实现中华民族的伟大复兴。我国经济已高速增长了30年，比日本和韩国20世纪持续高速增长的时间更长，被公认是“中国奇迹”。我们有信心，至少今后20年，我国经济仍将快速增长。我们有世界上最广阔的市场，有很高的居民储蓄率，有丰富的劳动力资源且劳动力素质不断提高，有日益先进的技术力量，这些都是我国经济持续高速增长的决定性因素。只要我们继续完善新体制，深入贯彻落实科学发展观，我国经济社会的快速列车就必将继续飞驰向前。

（二）提出社会主义与市场经济的结合是中国特色社会主义政治经济学的主线

2016年11月21日，我在《人民日报》上发表文章，提出社会主义与市场经济的结合是中国特色社会主义政治经济学的主线。文章说，主线一般指贯穿理论体系始终的主要线索，它决定理论体系内有哪些重要范畴和标志理论体系独特性、层次较高的规定。马克思的《资本论》的主线是资本剥削劳动以及剩余价值的分配。我国老一辈经济学家孙冶方在20世纪60年代初组织撰写《社会主义经济论稿》时，曾提出要按照《资本论》的写作方法展开论述，并以“最小最大”即用最小的劳动消耗取得最大的有用效果作为全书的主线，主张充分发挥价值规律对生产和流通的调节作用。这在计划经济时期无疑是标新立异的有益探索。

改革开放以来，我国逐步引入市场机制，1992年进一步把社会主义市场经济体制确立为经济体制改革的目标，明确了发展中国特色社会主义经济就是发展社会主义市场经济。伴随着市场化改革的不断推进，我国经济迅速起飞，1979—2015年年均经济增速达9.6%，创造了人类社会经济长时期快速增长的新奇迹。实践证明，根据我国国情发展社会主义市场经济是正确的、有效的。在这样的背景下，社会主义市场经济论就成为中国特色社会主义政治经济学的主要支柱。社会主义市场经济论的核心即社会主义与市场经济的结合，就理所当然地成为中国特色社会主义政治经济学的主线。

在社会主义条件下发展市场经济，是前无古人的伟大创举。以往的市场经济都建立在私有制的基础上，传统的经济理论都认为市场经济是排斥公有制的，因此以公有制为主体的社会主义不能与市场经济相结合。中国的改革实践否定了这一理论。我们找到了公有制特别是国有制的有效实现形式——股份制和基本经济制度的重要实现形式——混合所有制经济，把国有大中型企业改革为现代股份公司，实现了公有制特别是国有制与市场经济的有机结合。

社会主义与市场经济的结合、公有制与市场经济的结合是有机的、相互渗透的。一方面，公有制特别是国有制要通过股份制等现代企业组织形式成为市场经济主体，允许个体、私营、外资经济存在和发展，形成多元市场主体。另一方面，市场经济的发展要适应社会主义实现公平正义、共同富裕的目标。总之，要努力使社会主义和市场经济各自的优势很好地发挥出来。

实现社会主义与市场经济有机结合的难度不小。比如，如何处理好政府与市场的关系，使市场在资源配置中起决定性作用和更好地发挥政府作用，就是一个难度不小的课题。又如，1993年党的十四届三中全会就确定了国有企业改革的方向是建立现代企业制度。此后经过20多年的改革，国有企业基本上实现了股份制改革。同时，现代企业制度仍有待完善，不少中央企业集团公司还要推进股份制改革以建立现代企业制度；一些国有控股公司董事会还不能很好地履行公司法规定的职责，国有企业和非公有制企业公平竞争的环境还有待健全。此外，怎样把社会主义市场经济的发展引导到实现共同富裕的目标上来，难度更大。对此，应巩固和完善公有制为主体、多种所有制经济共同发展的基本经济制度，健全按劳分配为主体、多种分配方式并存的分配制度，不断完善财税的再分配功能以促进发展成果人人共享，完善各项社会政策托底功能包括精准扶贫、全面脱贫等。

由上可见，社会主义与市场经济的结合、公有制与市场经济的结合是发展社会主义市场经济的核心，贯穿于社会主义市场经济活动的方方面面，社会主义市场经济体制就是在推进这种有机结合中不断完善和成熟的，也是在这一过程中推动经济社会发展的。因此，我们在构建中国特色社会主义政治经济学时，要把社会主义与市场经济的结合、公有制与市场经济的结合作为主线贯穿始终，形成逻辑严密、结构有序的理论体系。

八　学习与研究孙冶方的“千规律，万规律，价值规律第一条”等崭新理论，弘扬孙冶方大无畏坚持真理的治学精神

孙冶方是我国老一辈著名的马克思主义经济学家，20世纪50年代就提出要把计划和统计放在价值规律基础上的崭新观点，60年代更直截了当地说，“千规律，万规律，价值规律第一条”。他以此为中心，提出“社会主义经济论”应以最小的劳动消耗取得最大的有用效果为主线，主张以生产价格为基础定价，利润是评价企业经营活动的综合指标，财经管理体制的中心问题是作为独立核算单位的企业的权力、责任和它们同国家的关系问题，恩格斯关于“价值是生产费用对效用的关系”的命题是正确的，批评自然经济论和无流通论等。“文革”中孙冶方坐冤狱达7年之久，1975年出狱后说的第一句话是“一不改志，二不改行，三不改变观点”，体现了他大无畏坚持真理的治学精神。

我从20世纪50年代后期起有幸在他手下工作，作为他的学生和追随者，学习到许多宝贵的知识和做学问的崇高理念。孙冶方1983年辞世后，我参与整理了他的遗著，进一步研究了他的经济学理论观点，写了一些学习心得体会，这些也是我的重要研究成果。

（一）认为“价值是生产费用对效用的关系”是一个正确的命题

“文革”前，我国经济学界的主流观点认为恩格斯早年说的“价值是生产费用对效用的关系”是不正确的，是后来被恩格斯本人抛弃的陈旧观点。而我在孙冶方的启发下则认为，“价值是生产费用对效用的关系”是一个正确的命题，并且至今仍有重要现实意义。1962年11月26日我在《光明日报》的《经济学》专刊上发表了《对“价值是生产费用对效用的关系”的初步探讨》一文，系统地阐述了我的观点，并和持不同意见者展开了指名道姓的争论。我认为，一个商品，它的社会使用价值，亦即效用，不仅是该商品价值实现的制约因素，而且是该商品价值形成的制约因素。这就告诫人们，劳动投入必须是对社会有用的，才能是社会必要的。这同效用价值论是不同的，因为决定价值的，归根到底还是劳动。恩格斯关于“价值是生产费用对效用的关系”的论述，同马克思在《资本论》第一卷关于另一含义的社会必要劳动时间，即“在社会的总劳动时间中，也要把必要的比例量用在不同各类的商品上”[①]，是相一致的。另一含义的社会必要劳动时间，也是价值形成而不简单是价值实现的因素。［见作沅（即张卓元）《关于社会必要劳动的几个问题》，《江汉学报》1963年第4期］

① 马克思：《资本论》第一卷，人民出版社，1953，第11页。

（二）高度评价孙冶方的流通理论

我刚到中国社会科学院财贸经济研究所任所长时，就在《财贸经济》1983年第7期上发表《卓越的理论贡献 深邃的思想启迪——孙冶方社会主义流通理论评介》一文，高度评价孙冶方的流通理论。文章中说："在孙冶方同志的社会主义政治经济学体系中，流通理论占有显著的地位。他是我国最早提出必须把社会主义流通当作独立的经济过程进行分析研究的经济学家。他是在国内外经济学家中坚决批判无流通论，并且从此展开对社会主义政治经济学的自然经济论挑战的创新者。他在20世纪60年代写作《社会主义经济论稿》的时候，亲手写了《流通概论》一章，这是他当时写成的《社会主义经济论稿》中唯一的一章。他在1972年坐冤狱时写的《我与经济学界一些人的争论》，劈头就批驳了某财贸理论权威否定社会主义制度下等价交换的错误理论和主张，并且反复论述了实行等价交换原则对发展社会主义经济的重要性。"

文章还提出，批判社会主义政治经济学的自然经济论是以批判无流通论为突破口的。社会主义流通要贯彻等价交换原则。不少经济学家强调，在社会主义制度下，价格应作为再分配国民收入的工具，即让价格有意识地背离价值或生产价格，并认为只有这样，才能发挥价格作为经济杠杆调节生产和流通的作用，才会有价格政策。孙冶方同志对此很不以为然。他认为，社会主义制度下，价格的最重要职能是核算社会劳动消耗，因此价格必须尽可能接近和符合价值及其转化形态生产价格，使价格能正确地反映和评价劳动消耗及其成果。只有这样，国民经济各部门、各地区、各企业之间的经济活动的效果才能得到正确的评价，国民经济各种比例关系才能得到正确的反映，而不会像照哈哈镜那样，把事物的本来面目歪曲了。

文章还说，社会主义经济中仍然存在实现问题。根据孙冶方的观点，在社会主义经济中，在价值补偿和物质替换即产品两重性意义上资金循环还是存在的。这就意味着社会主义制度下仍然存在局部劳动和社会劳动的矛盾，仍然存在企业的局部劳动转化为社会劳动的问题，而且其转化情况对企业和职工有一定的经济利害关系。这样，实现问题也就成为社会主义经济中客观上存在的问题了，同时，这也使流通部门成为国民经济最敏感的部门，许多经济问题（首先是生产问题）都会在流通过程中暴露出来。因为盲目生产和建设，国民经济比例失调，都会在流通过程中表现为东西卖不出去或商品脱销，或者资金周转困难、堵塞等，即整个产供销系统出现混乱现象。

（三）阐述孙冶方经济思想的重要现实意义

2008年10月24日，是我国改革开放先驱孙冶方百年诞辰纪念日。我在《经济研究》2008年第10期上发表纪念文章，题目是《孙冶方经济思想的重要现实意义——纪念孙冶方百年诞辰》。文章指出："中国实行改革开放已三十年，改革开放使中国经济迅速腾飞，中国目前已跻身世界经济大国行列。改革开放是在经济理论与时俱进、不断创新带动下深化和发展的。一系列马克思主义中国化的创新成果的不断出现，已经超越了孙冶方等老一辈经济学家在二十世纪五六十年代甚至七八十年代的设想和理论观念。但是，如果我们仔细研究孙冶方的一系列论著，就不难发现，孙冶方几十年前提出的重要理论观点，显现的‘天才的闪耀’，至今有不少仍具有重要现实意义，我们还可以从他的论著中吸取深化改革开放的力量。”

文章第一部分标题是《“千规律，万规律，价值规律第一条”至今仍有现实指导意义》。文中指出，首先，马克思主义经济学原理历来认为，价值规律是商品经济和市场经济的基本规律，是支配商品经济和市场经济活动的最根本的法则。现在我们要在社会主义条件下发展市场经济，就要按市场规律办事，首先是要按价值规律办事，即价值规律的确是社会主义市场经济的首要经济规律。对价值规律的任何违反，都是破坏市场经济法则，都会阻碍市场经济的顺利发展。

其次，在孙冶方的论述中，价值规律的含义是比较广泛的，既包括商品价值由生产商品的社会必要劳动时间决定，商品交换由等价值量交换规范，也包括价格机制等在内，这样，价值规律自然是商品市场经济（包括社会主义市场经济）的生产和流通的调节者，经济资源配置的调节者。这也就是我们经常说的使市场在资源配置中发挥基础性作用。所以，尊重价值规律的作用，就是要更好地发挥市场在资源配置中的基础性作用。但是，到现在，价值规律调节资源配置、调节生产和流通的作用还受到相当程度的干扰。所以，按价值规律办事，充分发挥市场在资源配置中的基础性作用，仍是今后深化改革的重要任务。

最后，从政治经济学发展的角度看，多少年来，经济学家们在创建社会主义政治经济学体系时，总离不开规律排队，并且总是把所谓社会主义基本经济规律、有计划发展规律置于首位，以贬低和排斥价值规律的作用。可是，几十年前，孙冶方就已提出在社会主义政治经济学中，价值规律第一。这就是说，要以价值规律为基础、中心，来阐述社会主义经济规律体系。只有这样，才比较符合社会主义经济的本性和特征。所以，从政治经济学学科建设来说，孙冶方的论述，时至今日仍有重大意义。

文章第二部分标题是《价格政策不应以价格背离价值为特征》。文中指出，20世纪60年代，在一次讨论会上，国务院财贸办公室一位同志说等价交换是等价格交换时，孙冶方立即反驳说，等价交换是等价值交换，而不是等价格交换。与此相联系，孙冶方还竭力反对所谓没有价格背离价值就没有价格政策的苏式教条（这句话是苏联著名经济学家斯特鲁米林院士说的），强调价格符合价值是国家价格政策的基础和出发点，并且是检验国家价格政策是否正确的标准。

孙冶方的上述观点，至今仍有很强的生命力。目前，我国已初步建立社会主义市场经济体制，商品和服务价格大部分放开由市场调节。与此同时，一些生产要素和重要商品（特别是资源性商品）的价格仍受政府管制，而且长期以来价格偏低。地价低、能源价格低、水价低、资金价格低、污染环境不付费等，实际上鼓励了粗放扩张，使经济增长付出的资源环境代价过大。党的十七大报告提出，要完善反映市场供求关系、资源稀缺程度、环境损害成本的生产要素和资源价格形成机制，这同孙冶方一直主张的使价格符合价值的看法是一致的。

文章第三部分标题是《社会主义国家经济体制的核心问题是处理好国家与企业的关系》。文中指出，1961年6月2日，孙冶方写了一份内部研究报告，题目是《关于全民所有制经济内部的财经体制问题》。报告明确提出："财经体制的中心问题是作为独立核算单位的企业的权力、责任和它们同国家的关系问题，也即是企业的经营管理权问题。至于体制中的其他问题，如中央与地方的关系、条条与块块的关系等等，在企业的职权问题解决以后，是容易解决的。"同时，孙冶方还提出了划分国家"大权"与企业"小权"的数量界限，即在资金价值量简单再生产范围内的事属企业"小权"，国家不要去管，而在资金价值量扩大再生产（即新投资）范围内的事，则属需要国家管的"大权"。这种划分对大家研究问题也是有启发的。值得特别提出来的是，孙冶方几十年前的要正确划分和处理国家和企业的关系，特别是要尊重企业自主权的观点和主张，至今仍未完全落实和解决。目前，现代企业制度已较普遍地建立起来，但是还很不完善。突出的问题是，不少企业，政企还未很好地职责分开，政府还经常干预企业自主经营的权力。政府往往通过项目审批、土地批租、信贷干预、市场封锁、税收征管、市场准入等，干预微观经济活动。还有，在实现政资分开方面也还有待完善。

文章第四部分标题是《提高经济效果是经济体制改革的根本出发点》。文中指出，孙冶方一贯主张的建立在尊重价值规律基础上的新经济体制，其本质特征是讲求经济效益。他说："社会主义更注重经济核算，更注重劳动生产率，更注重以最小的劳动消耗取得最大的经济效果，这是价值规律的核心问题。'不惜工本'是违背价值规律的。"孙冶方的上述观点和主张，至今仍有指导价值。我们在生产和投资活动中，不讲求经济效益、浪费严重等现象时有发生，形象工程往往不惜工本，豆腐渣工程更是贻害无穷。严格来说，高投入、高消耗、高污染、低效益的粗放型增长方式，实际上是不求经济增长的质量和效益的，同时间节约规律大相径庭。我们今天要讲求转变经济发展方式，建设资源节约型、环境友好型社会，形成节地、节能、节水、节材的生产方式和消费模式，重温孙冶方的一系列精彩论述，仍是大有教益的。

（四）孙冶方治所强调理论联系实际，治学强调标新立异

为纪念孙冶方110周年诞辰，2017年以来，孙冶方的亲属、孙冶方经济科学基金会一些工作人员、孙冶方的学生和他身边的工作人员等，对孙冶方一生的作品，主要是经济学作品，进行查找和核实，以《孙冶方全集》为基础，把大量新发现的孙冶方遗作补充进去，按时序排列，形成《孙冶方文集》10卷本，由知识产权出版社于2018年出版。我作为这

套文集的编辑委员会主任，为文集写了序，讲了孙冶方是怎样治所和治学的。

首先，孙冶方治所强调理论联系实际。序中指出，孙冶方1957年末到中国科学院经济研究所任所长，1964年底接受批判被剥夺领导职务。他一到所，就特别重视和强调经济理论研究要很好地联系实际，要从实际出发寻找研究课题，深入实际调查研究。他专门写报告要求对经济研究所实行双重领导，即由中国科学院和国家计委领导。后经周恩来总理和李富春副总理批准实行双重领导，他本人列席国家计委党组会议，接受国家计委分派的任务。为了便于研究人员到经济部门做调查研究，他把经济研究所从海淀区中关村搬到财经部门集中的西城区三里河。他接受李先念等领导同志交办的任务，率领一批研究人员到上海第一机床厂等企业进行调查。他关于固定资产管理体制改革（反对“复制古董”）和加强经济核算包括资金核算的研究报告，就是深入调查研究后写出的。他在调查过程中，还同李立三、李人俊、汪道涵、马天水、顾树桢等中央经济部门和地方工作的同志多次深谈，征求他们的意见。在孙冶方的带动下，经济研究所内逐渐形成了调查研究的风气。还有，从20世纪50年代末到60年代初，针对农村“一平二调”和“大跃进”带来的国民经济断崖式下滑和比例失调等问题，孙冶方和薛暮桥、于光远一块发起组织经济理论工作者和实际工作者，讨论了社会主义商品生产、价值规律、按劳分配、社会主义再生产、经济核算、经济效果等问题，对全国的经济理论研究工作起到了引航的作用。

其次，孙冶方大力倡导标新立异，向传统的经济理论挑战，扭转从书本到书本、从概念到概念、搞规律排队和只限于解释当前政策的教条主义学风。他自己带头创新理论，给经济研究所带来一股清新的研究风气。他还邀请当时苏联的统计局综合平衡司司长索波里作报告，索波里对传统的社会主义经济理论和体制持批评态度，主张生产价格论，强调资金核算的重要性等，使我们这些听众大开眼界。与此同时，他对当时广为流行的苏联科学院院士斯特鲁米林关于没有价格与价值的背离就没有价格政策的观点（二十世纪五六十年代国内有从事实际工作的同志很欣赏这一观点）不以为然，认为正确的价格政策恰恰是力求使价格与价值一致，只有这样，才是真正尊重价值规律。

最后，以任务带学科带队伍。孙冶方于1960年初起，接受中宣部布置的撰写社会主义政治经济学著作的任务（薛暮桥、于光远也各负责写一本），于是组织全所研究现实经济问题的骨干力量共同撰写《社会主义经济论稿》，他本人提出与众不同的按《资本论》中的过程法（即资本的生产过程、资本的流通过程、资本主义生产的总过程，把资本和资本主义改为社会主义即可）展开，以最小的劳动消耗取得最大的有用效果为主线进行写作。在这个过程中，带出了一批年轻的经济学家，他们在中国改革开放后分别成为一些科研单位的骨干。

序中的另一部分内容是专门介绍孙冶方治学是如何标新立异的。

孙冶方提倡标新立异，并且以身作则。他发表在《经济研究》1956年第6期上的《把计划和统计放在价值规律基础上》一文，就是真正的标新立异，在经济学界引起轰动。他到经济研究所后，提出了一系列崭新的观点和主张，包括：恩格斯1844年在《德法年鉴》上提出的“价值是生产费用对效用的关系”（该观点后来被恩格斯本人抛弃）是正确的、对准确理解马克思劳动价值论有重要意义的观点；主张以生产价格作为社会主义国家定价的基础；流通部门是很敏感的，国民经济中许多问题都会在流通过程中首先表现出来，批判有的经济学家鼓吹的无流通论；财经体制的核心问题是作为独立核算单位的企业的权力、责任和它们同国家的关系问题，而不是有人常说的中央和地方的关系问题；凡是在原有资金价值量范围内的生产，是简单再生产，是属于企业（指国有企业）可以自主决定的权力，因此折旧基金应留给企业支配使用，而现实中要求折旧基金上缴的固定资产管理体制会导致出现“复制古董”的怪异现象；利润是反映企业技术水平高低、经营管理好坏的综合指标，高于社会平均资金利润率的是先进企业，低于社会平均资金利润率的是落后企业；用最小的劳动消耗取得最大的有用效果应作为社会主义政治经济学的主线贯穿始终；千规律，万规律，价值规律第一条；等等。

孙冶方在经济理论上标新立异，不是突发奇想，而是经过长时间调查研究深思熟虑后的结果。关于固定资产管理体制和重视利润的主张，就是经过大量实地调查研究和总结国内外经验教训后提出的。关于价值理论则除了开展调查研究，总结实际工作体会外，还大量引经据典，与不同观点商権。他在1959年第9期《经济研究》上发表的《论价值》一文，全文超过3万字，系统地表述了他对价值和价值规律独特的观点。还有，孙冶方特别喜欢引用马克思在《资本论》第三卷中的一段话，马克思说："在资本主义生产方式消灭以后，但社会生产依然存在的情况下，价值决定仍会在下述意义上起支配作用：劳动时间的调节和社会劳动在各类不同生产之间的分配，最后，与此有关的簿记，将比以前任何时候都更重要。"[①]据我体会，马克思这段话中说的价值决定，正是价值规律的核心，也是孙冶方反复强调的价值规律的内涵。因此他坚信价值规律在资本主义生产方式消灭以后，在社会主义经济活动中，仍然起支配作用。

1983年2月中国著名的马克思主义经济学家、中国改革开放先驱孙冶方去世。之后我作为孙冶方的后辈和学生，用了相当长的时间和相当多的精力，整理了孙冶方的一些遗稿，系统地研究了孙冶方的经济理论观点，除了上文记述的内容外，还包括参与写作了《试论孙冶方的社会主义经济理论体系》（与孙尚清、吴敬琏、林青松、冒天启、霍俊超合写，载《中国社会科学》1983年第3期）、《论孙冶方社会主义经济理论体系》（与孙尚清、冒天启合著，中国社会科学出版社1985年版）、《孙冶方的经济体制改革理论研究》（与刘国光、冒天启合著，经济日报出版社1987年版）等。

① 马克思：《马克思恩格斯全集》第25卷，人民出版社，1974，第963页。

九 研究新中国经济学史并取得初步成果

我进入中国科学院经济研究所不久，1955年就参与《经济研究》创刊和编辑工作，之后到1983年一直在《经济研究》编辑部做编辑工作，比较了解经济理论研讨动态。20世纪60年代初，我曾以笔名“金理”写了我国经济学界关于社会主义再生产、经济核算、经济效果等问题的讨论报道，介绍不同观点的争论，发表在《经济研究》上面。“文革”后，我分别参与《经济研究》编辑部组织编写的《建国以来政治经济学重要问题争论（1949—1980）》（中国财政经济出版社1981年版）、《建国以来社会主义经济理论问题争鸣（1949—1984）》（中国财政经济出版社1985年版）、《中国社会主义经济理论的回顾与展望》（经济日报出版社1986年版）等书的撰写工作。之后，我还陆续主编了几本新中国成立以来或改革开放以来经济学界关于一些重要问题讨论的情况并进行初步评论的书。大概2010年以后，我用更多的时间和精力研究新中国经济学史这一重大课题，并取得初步成果。

（一）参与主编《20世纪中国知名科学家学术成就概览·经济学卷》

进入21世纪后，我与厉以宁、吴敬琏共同主编《20世纪中国知名科学家学术成就概览·经济学卷》，共三册，由科学出版社于2013年出版。这套大型著作收录了活跃在20世纪的154位中国知名经济学家的学术传记。参与主编这套巨著，大大帮助了我深入了解20世纪中国经济学家们的学术成就和代表作品（我审阅了三四十位学者的学术成就传记），增强了我研究新中国经济学的信心。由我代表编委会撰写的前言，介绍了本书的编选过程。现摘要如下：

《20世纪中国知名科学家学术成就概览·经济学卷》从2010年3月17日召集第一次编委会起，经过3年多各方面的努力，已面世。本书展现的是20世纪的100年中100多位中国知名经济学家的学术成就和学术经历概貌。20世纪是中国人民从贫困落后、备受欺凌到奋起抗争、谋富图强的转折点，也是中国经济学家为社会进步、人民幸福不断探寻真理，并走出书斋积极参加革命和改革建设实践，展现自己聪明才智的难得机遇期。展示20世纪中国知名经济学家的学术成就，可以从一个侧面折射出20世纪中国从救亡图存到成为举世公认的经济大国的历史巨变。

20世纪是中国经济学大发展大繁荣的时期。这是时代和环境提供的特殊机遇造就的，也是众多精英经济学家艰辛探索作出大量出色的研究成果带来的。

20世纪中国经济社会发生了前所未有的翻天覆地的大变化。多少世纪沉寂停滞并逐渐衰落的中国终于出现了滚滚的革命、改革和建设洪流。1911年辛亥革命推翻了清朝封建王朝的统治，1919年五四运动翻开了新民主主义革命的崭新篇章，1921年中国共产党成立并很快成为团结几亿中国人奋斗图强的核心，1949年中华人民共和国成立使积贫积弱的中国逐步走上社会主义现代化建设的康庄大道，1978年改革开放使中国社会主义现代化建设走上快车道，到20世纪末中国已开始进入小康社会，工业化、信息化、城市化、市场化和国际化以让世人震惊的速度向前推进。在这样一个社会经济大变革的环境下，中国的经济学研究紧跟时代脉搏变得异常活跃，硕果累累。一代又一代经济学家活跃在经济学界，以自己的学识批判旧的经济制度，批判传统的经济体制，为国家工业化、现代化建言献策，同时不断繁荣和发展经济科学，努力创建具有中国特色和中国气派的现代经济学。

20世纪中国经济学研究的一个根本特点是马克思主义经济学的传入及其中国化、大众化、时代化。20世纪初，中国一些思想家如梁启超、朱执信等就发表论著，介绍马克思主义经济学及其主要代表作《资本论》，给中国知识界、经济界吹来清新的科学之风。1917年十月革命一声炮响，又进一步给中国上上下下送来了马克思主义包括其经济学说。1921年诞生的中国共产党，明确宣布马克思列宁主义为其指导思想。不久，以毛泽东为代表的中国共产党人就响亮地提出，只有把马克思主义的普遍真理同中国革命的具体实践相结合，才能引导中国革命走向胜利，才能带领中国人民摆脱旧社会的黑暗统治并建设人民当家做主的新社会。从此开启了马克思主义及其经济学说中国化、大众化、时代化的具有划时代意义的历程。

20世纪30—40年代，中国一批经济学家运用马克思主义经济学原理分析中国社会经济关系，得出了中国处于半殖民地半封建社会的正确结论，并据此提出必须着力发动广大农民群众进行土地革命实现耕者有其田，这就为中国共产党制定新民主主义革命的路线和战略策略提供了最重要的理论依据。中国人民在中国共产党的领导和逐步形成的正确路线的指引下，经过20多年艰苦卓绝的斗争，终于在1949年取得了新民主主义革命的伟大胜利，建立起中华人民共和国。

新中国成立后，社会经济关系发生重大变化，出现了五种经济成分（社会主义国营经济、私人资本主义经济、个体经济、半社会主义合作社经济、国家资本主义经济）并存的局面。当时，依据马克思主义基本原理，从中国国情出发，提出建设新民主主义社会并逐步向社会主义社会过渡的路线，提出逐步实现工业、农业、国防和科技现代化的雄伟目标，努力探索社会主义建设新道路，顺利完成了第一个和第二个五年计划。

1978年以来，通过对“文化大革命”的拨乱反正，从政界到学界，对中国当前和长时期都将处于社会主义初级阶段取得共识，并据此实行以经济建设为中心和改革开放，停止以阶级斗争为纲。特别是，到20世纪90年代初，由于领导人的政治智慧和经济学研究成果的很好结合，确立了社会主义市场经济体制的改革目标。改革开放使中国各方面潜力充分发挥出来，经济迅速起飞，在世界大国中创造了史无前例的辉煌，被称为“中国奇迹”，让世人惊叹和瞩目。

进入21世纪，中国经济的快速列车继续沿着中国特色社会主义道路向前飞驰，马克思主义及其经济学的中国化、大众化、时代化也在不断深化和发展，继续成为推动中国经济社会发展的重要因素。

20世纪中国经济学研究的另一重大特点是西方经济学传入并逐步扩大影响。西方经济学传入中国，同马克思主义经济学传入中国的时间大体相同，都是从19世纪末20世纪初开始的。1901年严复翻译的亚当·斯密所著的《国民财富的性质和原因的研究》一书由南洋公学译书院出版，促进了经济学作为一门独立的学科在中国的建立。此后，西方经济学的一些经典著作也断断续续在中国出版。1978年底改革开放后，中国从政界到学界，对西方经济学逐步采取开放的、包容的态度，越来越多的经济学家承认现代西方经济学对市场经济运行和工业化、城市化、现代化的规律性作出了有益的探索，有不少成果包括理论观点、范畴概念、研究方法等，可以很好地吸收，以用于发展中国社会主义市场经济和繁荣中国经济科学。

1978年改革开放以来，中国经济学家一直在研究如何既坚持马克思主义经济学的主导地位，又充分吸收现代西方经济学的科学成果，并使这两个方面有效结合起来。我个人认为，可否设想：马克思主义经济学主要指导中国现代化建设的方向和道路，包括确立在社会主义制度下发展市场经济，建立和完善社会主义初级阶段基本经济制度，以人为本和实现共同富裕的目标，制定社会主义现代化建设目标、步骤以实现中华民族的伟大复兴等；而现代西方经济学则用于促进宏观经济的稳定协调运行，优化资源配置，提高微观经济活动效率，提高市场开放度并在经济全球化中获益，很好地实施赶超战略等。马克思主义经济学是不断发展的学说，必定会在中国社会主义现代化建设的伟大实践中通过概括新的理论和吸收一切文明成果，包括现代西方经济学成果，不断丰富自己，并显示强大生命力和吸引力。

20世纪中国经济学家在上述两大领域都作出了重要的贡献，涌现出一批又一批佼佼者。他们以经世济民为使命，为祖国和人民从积贫积弱走向国强民富，为实现中华民族伟大复兴殚精竭虑，用自己的科研成果为国家工业化、现代化提供理论和智力支持。本卷收录的100多位传主，就是其中的代表。我们可以从中看到百年来中国经济学家的学术足迹和风采，看到中国经济学逐步成为一门科学和繁荣发展的历程。中国的社会主义现代化建设在进入21世纪后仍在继续，工业化、城市化仍在迅速推进，中国正在从经济大国向经济强国跨越，中国经济学家继续活跃在前所未有的经济建设高潮的舞台上，施展才华，贡献聪明才智，为国家富强、人民幸福作出自己的努力。

（二）主持撰写的专著《新中国经济学史纲（1949—2011）》获第三届中国出版政府奖（图书奖）

我在主编《论争与发展：中国经济理论50年》（云南人民出版社1999年版）、《中国经济学30年（1978—2008）》（中国社会科学出版社2008年版）、《中国经济学60年（1949—2009）》（中国社会科学出版社2009年版）的基础上，主持撰写了70多万字的《新中国经济学史纲（1949—2011）》一书（中国社会科学出版社2012年版）。

我在《新中国经济学史纲（1949—2011）》的前言中写

道："1949年新中国成立到现在，已60多年。这60多年大体可以分为两大阶段：一是从1949—1978年建立社会主义制度和探索社会主义建设的阶段，即改革开放前阶段；二是从1979年到现在建设中国特色社会主义阶段，即改革开放阶段。"新中国经济学研究就是在上述经济社会建设实践的基础上开展并取得一个又一个重大进展的。新中国经济学研究可以分为两大阶段，即改革开放前后两个阶段。改革开放前，实行的是传统的社会主义经济体制，经济学领域占主流地位的是传统的社会主义经济理论。与此同时，也有一些经济学家提出了不少标新立异的观点，对传统的社会主义经济理论发起挑战，如计划与市场关系问题、价值规律作用问题、所有权与经营权分离问题、物质利益原则问题、生产价格问题等，都贡献了具有远见卓识的观点和主张。这说明改革开放前中国经济学界亦有理论创新。改革开放后，中国经济学界真正迎来了百家争鸣和理论创新的春天。中国经济学家在马克思主义指导下，在党的解放思想、实事求是思想路线指引下，理论联系实际，大胆探索，勇于创新，作出了一系列富有理论价值和实践意义的研究成果，并逐渐形成中国特色社会主义经济理论体系。举其要者有：社会主义市场经济理论、社会主义初级阶段理论、对外开放理论、社会主义基本经济制度理论、按劳分配和按其他要素分配相结合理论、中国式经济增长理论、转变经济发展方式理论、渐进式改革理论等。这期间经济研究的一个重要特点是：充分吸收现代经济学有用成果，特别是有关市场经济一般规律的科学概括，以及发达国家对市场经济运行调节与管理的经验，许多应用经济学像雨后春笋般发展起来了。

盛世出华章。编写《新中国经济学史纲（1949—2011）》的目的在于系统梳理新中国60多年经济学研究的进展与成果，展现新中国成立后随着经济建设与起飞取得让世人瞩目的奇迹，经济学研究也呈现出一片繁荣、百花争艳的景象。

该书由我设计并审阅定稿，我承担总论和第一章、第二章、第三章、第四章、第九章、第十章、第十三章、第十五章、第十六章、第十七章、第十八章、第十九章、第二十章和第三十章的编写任务。因为我负责撰写了全书1/3的篇幅，所以封面标示“张卓元等著”。

该书在总论中概括了新中国60多年经济学研究的六大进展。一是在马克思主义经济学原理的指导下，努力探索中国自己的社会主义建设道路，并在改革开放过程中确立了社会主义初级阶段理论，开辟和形成唯一正确的中国特色社会主义道路。二是计划与市场关系问题是中国经济学界研讨的第一大热点，其突出成果是确立了社会主义市场经济论。三是所有制理论和分配理论的重大突破：确认公有制为主体、多种所有制经济共同发展平等竞争，股份制是公有制的主要实现形式，按劳分配与按要素分配相结合。四是探索国民经济从封闭半封闭走向开放，以开放促改革、促发展，“引进来”与“走出去”互相结合，逐步形成顺应经济全球化的对外开放理论。五是经济增长与发展理论愈来愈受重视，改革开放后在发展是硬道理和科学发展观的指导下，着力研究实现什么样的发展、怎样发展问题，研究中国工业化、城市化、现代化规律。六是经济学方法重大革新：注重创新，紧密联系实际，充分吸收现代经济学有用成果，重视实证研究和数量分析，并提出对策建议，为促进经济科学繁荣的各种评比和奖励活动逐步展开。该书于2013年荣获国家新闻出版广电总局颁发的第三届中国出版政府奖（图书奖）。

还要提及，为庆贺《新中国经济学史纲（1949—2011）》一书获第三届中国出版政府奖（图书奖），在中国社会科学出版社社长兼总编辑赵剑英的倡议下，专门为本书召开了一次新书出版座谈会，会上发言的经济学家有李扬、周叔莲、杨圣明、胡乃武、张占斌、常修泽、李义平、贺力平、叶坦和胡家勇，我也作了一个介绍性发言。会后，大家的发言由中国社会科学出版社汇总后于2015年出版了《中国经济学成长之路》一书。我在发言中首先感谢中国社会科学出版社为《新中国经济学史纲（1949—2011）》召开新书出版座谈会。我提出，本书的一个重要特点是有好几章是由所论事件参与者执笔撰写的，如第三章《1959年4月新中国第一次经济理论讨论会》、第九章《1979年全国第二次经济理论讨论会，中心议题是价值规律作用问题》、第十章《改革开放初期经济理论工作者大规模参与经济调研活动》、第十四章《1984年中青年经济学家讨论会——莫干山会议》、第十五章《1985年巴山轮会议引入西方国家宏观经济管理理论与经验》、第三十一章《进入新世纪后中国化马克思主义政治经济学教材的重新撰写》等。

需要指出的是，我在写40年改革开放过程中自己作出了哪些成果时，已经85岁了。由于年纪大，精力不济，每天只能工作两三个小时。我打算今后主要继续研究经济思想史特别是新中国经济学发展史，继续在经济研究工作方面贡献自己微薄的力量。

十 成长经历与治学心得

（一）成长经历

我还在上高中三年级的时候，就因对苏联经济学家列昂节夫的《政治经济学》一书入迷，从此对经济学感到很好奇和有兴趣。我从小住在广东省梅县，梅县是一个小县城、小山城，交通不便，相当闭塞。所以看见列昂节夫书中描写的资本主义经济景象如经济危机时把大量牛奶倒入河中、工人经常罢工要求增加工资、出现像摩根和福特这样的大富豪等，便觉得大开眼界，对了解千奇百怪的社会经济现象产生了浓厚的兴趣。1950年夏，我高中毕业后，报考大学时一心只想考进经济系学习。

我和三四十个同年级毕业的同学离开梅县到广州报考大学，先是住在广州市嘉应中学，算是老乡找老乡，因为梅县过去叫“嘉应州”，嘉应中学师生大部分是梅州市客家人。那时我报了三所学校，分别是中山大学、清华大学和广东省立法商学院，考了三次，第一志愿都是经济系。结果三个学校都录取了我，但清华大学录取的是社会系，是我的第二志愿。我最后选择上中山大学经济系，觉得能上中山大学经济系已很满足了。

我在中山大学经济系学了3年，其中第二年为下乡参加土改实践，实际学习时间只有2年。中山大学经济系系主任林伦彦教授是留学日本的学者，对马克思的《资本论》颇有研究。他每隔一两周就会邀请我们班上他认为学习较好的同学到他家里聊天，这对我的鼓励很大。由于对经济学的兴趣越来越浓，加上自己还算比较勤奋，我的学习成绩一直是比较优秀的。

1953年，全国高校进行院系调整，中南五省区（湖北、湖南、广东、广西、江西）经济系（除武汉大学经济系外）一起并入地处武汉市的中南财经学院经济系，设两个专业班，一个为计划经济专业班，另一个为政治经济学专业班（又叫“理论班”）。我被选入理论班。在理论班，张寄涛教授给我们讲授政治经济学和《资本论》。张寄涛教授专业造诣深厚，口才又很好，我听他讲课听得津津有味，这使我觉得学习政治经济学不但不是负担，而且越学越想学。张寄涛教授也很赏识我，1954年上半年，我们快毕业时，他专门找我并鼓励我写一篇论文，他帮忙推荐到学校的学报上发表。我很感动，并努力在两三周内，比照着当时经济学论文的格式，写了一篇关于社会主义制度下价值规律作用的文章，有五六千字，交给张寄涛教授。过不太久，这篇文章就在《中南财经学院学报》上发表了。对我来说，这件事的确让我有“金榜题名”时的感觉。还有，我至今记得很清楚，文章发表后，学报给了我6元稿费。我拿这6元稿费请同班同学到附近饭店喝牛肉汤，3角一碗，我请了十几位同学喝牛肉汤。

在中南财经学院我是好事连连。不久我们就大学毕业了，那时大家都向学校表决心：服从分配，到祖国最需要的地方去！分配方案下来后，我被分配到中国科学院经济研究所工作。这是我梦寐以求的，也是许多同班同学羡慕的。我到位于北京的中国科学院报到后才得知，当时国家给中国科学院一个特殊政策，允许他们从国内大学毕业生中先挑选人，然后再进行分配。中国科学院经济研究所过去一般从北京大学经济系、清华大学经济系、南开大学经济系、中山大学经济系、武汉大学经济系毕业生中招聘研究人员，这次到中南财经学院选人，我猜原因是其中有中山大学的学生。而这次被中国科学院选上的中南财经学院的学生，我和利广安，均是从中山大学转过来的。

于是我踌躇满志，带着当经济学家的梦想到中国科学院经济研究所报到。经济研究所当时的三位领导狄超白（所长）、巫宝三和严中平（均为副所长）找我们几位刚分配到所里的大学毕业生谈话，告诫我们做研究工作要先打好基础，掌握必要的文献资料，不要急于成名成家和写文章，更不要考虑写专著。他们还具体要求我们先用两三年时间到图书馆资料室熟悉图书资料，知道哪本书大概放在哪里，用心做一批卡片资料等。现在看来，他们的意见是有道理的，但是缺乏鼓励年轻人要有理想抱负、勇于攀登科学高峰的精神。

1955年，所里正式成立政治经济学研究组，筹办《经济研究》双月刊，我被分配到政治经济学研究组，并参加筹办《经济研究》工作。当年6月创刊号出版发行后，我主要是做编辑工作包括组稿、审稿、推荐可用来稿、校对、通读等，其中比较费时间的是校对和通读，都要经历三遍，且相当严格。记得办刊初期，我们有一位编辑，她负责编辑校对的一篇文章中，误将刘少奇写成刘奇，被编辑部主任狠批一顿，说这是个严重错误，并采取组织措施把她调离编辑部。

1957年底，由于在反右派斗争中经济研究所领导被扣上“反党”帽子，领导派孙冶方到经济研究所任代理所长，不久又调骆耕漠任《经济研究》主编。孙冶方和骆耕漠的到来，对我此后的研究产生了很大的影响。孙冶方一到所，就强调经济研究要紧密联系经济建设实际，要敢于标新立异，反对教条主义。他只抓研究工作，不管政治运动，组织全所研究骨干撰写《社会主义经济论稿》，在经济研究所中形成浓厚的研究气氛，我自己的专业知识则日有长进。这方面内容前面已有论述，这里不重复。

骆耕漠原是国家计委副主任，是名副其实的高干，但非常平易近人，很民主，他写的文章都要我帮他看看，提出意见和建议，还鼓励我们年轻人也要写文章大胆发表意见。当时国内经济学界正对社会主义经济中计划与市场关系展开热烈讨论，孙冶方是价值和价值规律“宽派”的代表，而骆耕漠是商品货币“窄派”的代表。孙冶方的观点新颖别致，经常被我们年轻人称为“天才的闪耀”，现实针对性强，而且引经据典揭露传统经济体制弊端不留情面；而骆耕漠的观点则逻辑性强，似乎更符合马克思、恩格斯原意。我在当他们的下属和助手时感到受益良多，并在他们的启发下开始写争鸣文章。

说到骆耕漠，有一件事我一直心怀感激，难以忘怀。1958年初秋，全国正在掀起“大跃进”和人民公社化运动，骆耕漠带着我到河南省修武县调查人民公社问题，约10天，修武县是当时全国唯一的一县一社的所谓先进典型。我回所后，写了《关于人民公社向全民所有制过渡问题的探讨》一文，发表在《经济研究》1958年第11期上。文章提出了错误的“趁穷过渡”的观点，认为“国家迟插手不如早插手更为主动些，因为等贫社和富社在经济上的差距扩大了以后……就会积重难返”，难以向全民所有制过渡了。不久，上面开始纠正“一平二调”等过“左”做法，中国科学院哲学社会科学部副主任在一次会上（我未参加）点名批评我写的这篇文章。不久同事告诉我，我发表文章宣扬“趁穷过渡”观点的错误被骆耕漠一手揽下，由他作检查了结。明明是我的错误，却由他完全承担下来，事后也没有向我提及此事，这令我感激不已。顺便说一下，我在“文革”前，还参与写作了两篇批判文章，发表在《经济研究》上面，一篇是批判顾准关于社会主义商品生产和价值规律的观点的文章，另一篇是批判巫宝三关于国民所得的观点的文章。这两篇批判文章今天看来都是错误的，把学术讨论上纲为政治批判。只是这两篇批判文章是上面分派任务写的，都是四个人署名，我因是编辑部工作人员故都是排在最后的。这也说明，我在从事研究工作过程中也是有错误的，应当时时引以为鉴。

1958—1964年，中国科学院经济研究所研究气氛浓厚，除孙冶方、骆耕漠外，我还受到于光远、巫宝三、严中平、汪敬虞、杨坚白等学术思想的熏陶，学习到了许多别人学不到的东西，特别是勇于探索、标新立异、坐冷板凳、坚持真理的精神和学风，使自己在经济学研究上取得了一些成果。

（二）治学心得

根据我的治学经验，我认为，要做好经济研究工作，最重要的条件有以下几点。

第一，对经济研究工作有兴趣。有兴趣，求知的欲望就强，就会用心关注社会经济活动及其发展变化，就会心存问题并想着如何破解，就会废寝忘食地把书读完或把文章写好。兴趣是最强大的动力，没有兴趣就没有动力，至少会动力不足。所以，做经济研究工作首先要培养对这一工作的兴趣，如果实在没有兴趣，我建议可考虑改做自己喜欢做的事情。

第二，要勤奋。科学研究是探求未知的规律性，必须进行艰苦的探索。不但要搜集大量的文献资料，还要缜密思考，有较强的逻辑思维，进行理论概括。回忆我在大学读书的时候，由于对经济学有浓厚兴趣，常常周末大家都去看电影，我则选择在宿舍里看书，有的书还是一遍又一遍地看，好书每多看一次，都有新的心得体会。20世纪80年代，改革开放带来了经济科学研究的春天，我有早睡早起的习惯，经常早上四五点钟起床写文章，有时一天下来能写四五千字。在我担任《经济研究》副主编和编辑部主任期间，主管《经济研究》的所领导孙尚清同志限制我每年只能在《经济研究》上发表三篇文章，包括合作文章，这也从一个侧面反映出我那时的产出较多。

第三，自己动手写文章。经济研究工作的成果一般是论文、研究报告或专著，这些必须自己动手写，千万不要让助手或学生代笔。写文章是越写越顺手，越不写越不知道怎样下笔，于是越不想写。写文章的过程是个人进行理论思考的过程。经济研究所有一位曾经有一段时间很出名的留学回国研究人员，出名的时候写了不少文章，写得也不错。出名以后，名气大了，应酬也多了，有时就请朋友或手下起草文章，久而久之，人们发现他好像不会写文章了，于是他逐渐在学界销声匿迹了。中国最著名的老一代经济学家薛暮桥、孙冶方、于光远、骆耕漠等，都是自己动手写文章的。“文革”刚结束不久，我被临时派到《红旗》杂志经济组当编辑。大概是1977年底，编辑部决定让我找南开大学谷书堂教授、武汉大学汤在新教授、江苏省委研究室佐牧研究员一起，帮助薛暮桥为《红旗》杂志写一篇文章。谷书堂等三位都是从外地来的，他们被安排住在招待所有个把月时间。当我和他们三人一起经过多日商议提出写作方案并向住在北京王府井红霞公寓的薛暮桥汇报我们的设想时，薛暮桥明确跟我们说：“我的文章历来都是自己动手写的，从不叫别人代劳，你们可以和我一起研究讨论，但文章还是要我自己来写。”此后我们就只是与薛老讨论一些文章涉及的问题，对他写出的文章提点意见和建议，不再考虑替他起草文稿了。我记得很清楚，1959年7月，孙冶方和骆耕漠一起去青岛休假一个月，他们都没有带助手，假期结束时，他们分别带回3万多字亲笔写的文章。孙冶方的文章叫《论价值》，发表在《经济研究》1959年第9期上；骆耕漠的文章叫《论商品和价值》，发表在《经济研究》1959年第9期、第10期上。当时我们都惊叹他们写文章效率之高，名曰休假，实际上是去专心写文章了，而且都是自己动手写文章。

第四，研究的问题要相对集中，面不能铺得太广。随着经济发展、科技进步和分工深化，经济科学的分支也越来越多，在这种情况下，每人研究的专业方向不能太多太广，而应相对集中。我研究经济学已60多年了，但有许多重要的领域我并不熟悉，有关这些领域的研讨会我是不会参加的，这不是谦虚，而是因为不熟悉，谈不出多少意见。即使是自己比较熟悉的领域，也要经常注意了解新情况、新见解，做到与时俱进。

第五，要有团队精神。从事或负责一项大的课题研究，靠自己一人的力量往往是做不下来的，要靠与他人合作或者有一个团队来共同完成。1990年我主编的《中国价格模式转换的理论与实践》（中国社会科学出版社出版）、2008年我和郑海航主编的《中国国有企业改革30年回顾与展望》（人民出版社出版）、2012年我与其他人合著的《新中国经济学史纲（1949—2011）》（中国社会科学出版社出版）等书，都是集体成果。我作为主编或牵头人，最主要是要发扬民主，很好地倾听大家的意见，特别是要尊重他人的学术观点和文字风格，除必要的如与专著主要观点相左的以外，不要乱改乱删。要多讨论，集思广益，让每个参与者的优势和长处都表现出来，共同提高成果的质量。

中国从1978年底实行改革开放后，经济迅速起飞，1979—2017年，中国GDP增长了33.5倍，年均增速达9.5%，经济总量占世界总量的比重从1978年的1.8%跃升到2017年的15.3%，人均GDP也从1978年的190美元提高到2017年的近9000美元。中国已从贫穷落后的弱国一举成为世界第二大经济体，创造了世界经济发展史上的奇迹。亲历改革开放的经济学家是最为幸运的，因为改革开放后经济的腾飞为经济学家们提供了最为丰富的经验和实际资料，只要用心研究、思索，定能找出其中一些内在的规律。比如，为什么中国能在改革开放后经济长时间高速增长，是哪些因素在起作用，哪几个因素是最重要的，哪几个因素是短期起作用的，哪几个因素是长时期起作用的？又如，地方政府之间的竞争既对经济增长起巨大的推动作用，又会带来许多破坏性后果，如何科学评价其利弊得失？类似这样的问题，不胜枚举。总之，中国改革开放的伟大实践，对经济学家来说是一个巨大的富矿，只要努力挖掘，定能有丰硕的成果！

当前，中国改革发展和社会主义现代化建设正处于关键阶段。党的十八届三中全会提出的全面深化改革的任务很重，还要在重要领域和关键环节进行改革攻坚；工业化、城市化尚未实现，仍在按2017年党的十九大提出的新标准新要求全面建成小康社会。而从党的十九大到党的二十大，是“两个一百年”奋斗目标的历史交汇期。我们既要全面建成小康社会，实现第一个百年奋斗目标，又要乘势而上开启全面建设社会主义现代化国家新征程，向第二个百年目标进军。从2020年到2035年，在全面建成小康社会的基础上，再奋斗15年，基本实现社会主义现代化。从2035年到21世纪中叶，在基本实现社会主义现代化的基础上，再奋斗15年，把我国建成富强民主文明和谐美丽的社会主义现代化强国，实现中华民族的伟大复兴。在这一奋斗过程中：有许多新的经济问题需要经济学家研究，提出有价值的建议和对策；有许多宝贵的经验需要经济学家概括，以探索新的规律性。这是一个催人奋进的年代，也是一个不断涌现理论创新成果的年代。我愿以自己对革命和建设事业的忠诚，研究新问题，概括新经验，贡献自己的一份力量。

贰

附录

第一篇

第二届吴玉章人文社会科学终身成就奖获奖人张卓元颁奖词

（2013年12月17日）

著名经济学家。1933年出生，广东梅县人，中共党员，中国社会科学院首批学部委员，经济研究所研究员。先后担任中国社会科学院财贸经济研究所、工业经济研究所、经济研究所所长，《财贸经济》《经济研究》主编，孙冶方经济科学基金会秘书长、理事长。他是第九届、第十届全国政协委员。多次荣获孙冶方经济科学奖论文奖和著作奖、中国社会科学院优秀成果奖。

张卓元毕生从事商品、市场经济理论研究，在中国改革和发展过程中，他致力于系统探讨价值规律的科学体系，并结合中国国情，就社会主义条件下的价值决定、等价交换、价值形式及其发展、价值和价格的关系、生产价格的形成过程、价值规律调节资源配置的作用等，进行富有创造性的探讨，努力为革除传统体制弊端贡献绵薄之力。虽频遭物议，仍坚持不懈。改革开放之后，张卓元先生的学术研究进入了第二个高潮时期。凭借着对市场经济的精深研究和深刻理解，他广泛涉猎了我国经济改革的很多重要领域，在价格改革、控制通货膨胀、统一国内外市场、社会主义市场经济资源配置机制形成、宏观调控体系设计、重塑政府与市场关系、企业改革与治理机制现代化等诸多领域，他的研究都具有开创性。

作为我国久负盛名的优秀经济学家之一，张卓元参与了我国重要改革阶段的理论创新过程。1984年，他提出并从理论上论证了“价格改革是经济体制改革成败关键”的重大命题；1987年，他成为稳中求进改革和发展理论的重要代表人物；1992年，他为在中国建设社会主义市场经济体制模式的伟大转型提供了重要的理论论证；1993年，他成为国有企业改革的理论家之一；2000年后，他又殚精竭虑地设计政府职能转变的有效途径。30余年不间断地紧跟改革步伐的理论探讨，成就了他“稳健改革派”的尊崇地位。他有关中国改革的一系列理论研究成果，构成中国转型经济学的重要内容。

作为我国最重要的市场经济专家，张卓元多次直接参与了我国经济改革路线图和时间表的制定过程。从1991年参加江泽民总书记主持的11次专家座谈会算起，到2013年为止，张卓元参与了党的十五大、十六大、十七大报告和十四届三中全会、十六届三中全会、十八届三中全会文件的起草工作。22年来13次参与党的重要文件起草工作的罕见经历，使他在经济学界获得了“玉泉山人”的称号。

张卓元一生笔耕不辍，著作等身。他先后出版著作27部，发表论文500余篇。作为中国经济学界的资深学者，他主持编写了《中国经济学60年（1949—2009）》和《新中国经济学史纲（1949—2011）》。这两部鸿篇巨制，成为中国经济学的重要文献。

2013年12月参加第二届吴玉章人文社会科学终身成就奖颁奖典礼

第二篇

价格理论突破有力地推动着价格改革前进[①]

——纪念党的十一届三中全会召开十周年

理论来源于实践，但实践又总是在一定的理论指导或影响下发展的。我国十年价格改革的实践证明，在理论上、思想上、观念上突破传统框框的束缚，逐步形成适合社会主义商品经济发展的价格理论和思想观念，对价格改革实践起着巨大的推动作用；与此同时，价格改革的丰富实践，也为新的价格理论的形成、价格改革客观规律性的探索提供了极为丰富的材料和论据。这是理论和实践相互促进的生动表现。本文拟着重论述党的十一届三中全会以来，价格理论突破对价格改革实践的推动作用，并对价格改革的某些规律性进行探索。

一 必须让价格回到市场交换中形成

传统的社会主义经济理论认为，社会主义国家价格应由

① 原载《财贸经济》1989年第1期。

政府制定，排斥市场因素的渗入，不考虑供求关系的作用。由于社会上产品数以万计十万计，而各种产品的社会劳动消耗和供求关系是经常变化的，政府不可能对众多产品的价格进行及时合理的调整，结果使价格结构畸形，比价差价不合理，价格关系呈扭曲状态。国际经验表明：价格是否扭曲，对经济增长有明显的影响，价格扭曲对经济增长起消极作用，价格关系比较合理则能促进经济增长。有鉴于此，这几年来越来越多的经济学家肯定，价格本来产生于商品交换和市场买者与卖者之间的竞争，应该让价格恢复其真面目，在市场交换中形成。只有这样，才能够使产品价格灵活地反映社会劳动消耗和供求关系的变化，成为生产者和消费者的利益均衡点，从而使价格比较真实地反映资源的稀缺程度和供求关系，使价格结构、比价和差价趋于合理，为生产者、经营者和消费者提供比较准确的信号，以利于优化资源配置，优化生产和消费结构。

与此相适应，应当更明确地肯定恩格斯关于“价值是生产费用对效用的关系”的著名论点，恢复马克思在论述另一种含义的社会必要劳动时间时关于供求关系（我体会指长期和稳定的供求关系）制约价值的形成和决定，而不只是制约价值的实现的重要观点。西方经济学中有关边际生产率、机会成本等概念，对分析社会主义价格运动是有用的；对于均衡价格理论，虽然其理论说明含有许多主观唯心主义的因素，但对商品经济中价格现象的描述不无道理，对我们也有借鉴意义。

我国价格改革的实践得到上述理论进展的巨大支持，并且越来越明确地沿着放开价格、让价格在市场中形成的方向前进。目前，我国有50%的商品的价格已经放开，由市场调节，其中农副产品和工业消费品价格放开的比例大一些，工业生产资料价格放开的比例小一些。还有50%的商品，包括粮、棉、油等农产品和重要生产资料的价格，仍由国家控制，需要随着条件的具备，随着整个经济体制改革的深入逐步放开。应当承认，十年来我国价格改革的步子迈得相当大，放开价格的速度也很快，并且带来了举世公认的成效：整个流通领域搞活了，市场一片繁荣，社会生产能够比较好地适应社会需求的变化，整个国民经济朝气蓬勃，充满生机和活力。

二 用市场定价体制代替行政定价体制

传统的经济体制是高度集中的、以行政管理为主的体制，其价格体制则是行政定价体制，即单一的计划价格体制。这种体制的根本特性是排斥商品货币关系和市场机制。这种体制有利于集中全社会资源实现紧迫的战略任务，但随着社会经济从粗放型向集约型发展，生产技术的日新月异，以及生产目标从单纯的数量增长到还要兼及质量提高、生活改善、环境治理等的转变，传统的经济体制的弊端日益显露，特别不适应迅速实现现代化和缩短同先进国家的经济、技术差距。因此，自20世纪60年代以来，改革传统的社会主义经济体制的浪潮遍及各社会主义国家。改革的实质在于：

扩大商品货币关系，利用市场机制，尊重价值规律的作用。在我国，则是进一步确定国家调节市场，市场引导企业，作为新的经济运行机制的目标模式。与此相适应，各方面都逐步接受了价格改革的目标模式是用市场定价体制代替行政定价体制，即要逐步建立少数重要商品和劳务价格由国家制定，其他大量商品的劳务价格由市场调节的制度。

应当看到，上述认识的取得不是轻而易举的，而是经历了近十年的历程。20世纪80年代初期，经济理论界只有少数人赞同市场价格模式。1984年通过的《中共中央关于经济体制改革的决定》确认社会主义经济是有计划的商品经济以后，加上改革实践的推动，经济界和经济理论界才逐渐肯定市场价格模式和体制。而理论认识的飞跃，又有力地促进了1984年以来以放开价格为主的价格改革的进程，并使公众也逐渐明确我国价格改革的总方向是向市场定价体制过渡。

把市场定价体制作为价格改革的目标模式，有助于人们正确估价理论价格和计算价格的作用和局限性。改革初期，为了寻找改善原来不合理的价格结构的参照系，以便使价格的调整和改革有比较充分的根据，理论界曾提出测算理论价格或计算价格问题，有关部门还抽调力量从事实际操作，这在当时是必要的、有意义的。但理论价格和计算价格有其天生的局限性，即它们只能起某种参照作用或影子价格作用，既不可能代替市场价格的形成和运动，更不可能覆盖全社会的经济活动。企图用计算价格去规范价格改革，无异于否定市场价格模式，而只在完善原来的行政定价体制的框框内打转，并不符合整个改革的根本方向。

价格改革的目标模式是建立市场价格体制，并不意味着要把全部产品价格放开，统统让市场调节。少数重要商品和劳务的价格，将来仍需实行国家定价，正像目前许多发达的市场经济国家那样。一般认为，按销售额计算，仍将有15%～20%的部分的价格由国家定价或受国家直接管制，放开让市场调节的部分则占绝大部分，达到80%～85%。同时，实行市场定价体制更不意味着国家放弃对价格的管理，除上述占15%～20%的部分仍将由国家直接管理外，国家还将通过实施财政、货币政策等手段，对价格进行间接管理，特别是对宏观价格和某些要素价格（如利息、外汇汇率等）进行管理，目的在于保持物价总水平的基本稳定或相对稳定。这也属于新的经济运行机制模式中国家调节市场的重要内容。

从行政定价体制向市场定价体制过渡，并不是一蹴而就的，而是逐步过渡的。由于采取渐进的发展方式，因此出现了一些中间过渡形式。其中，除双轨制价格留待后面专门论述外，比较重要的包括浮动价格、最高限价、最低限价等形式。1979年8月1日起对电子元件实行的浮动价格形式，曾经取得过良好的效果。看来，对一部分供求大体平衡或价格的供给与需求弹性大的产品实行浮动价格形式，容易收到比较好的效果。但是迄今为止，实行最高限价或最低保护价形式在许多场合效果不好。实行最高限价者，往往一限东西就没有了，或转入黑市交易或实物串换。而实行最低保护价者，则往往因流通部门没有足够的资金或仓储设备，不能够兑现收购产品。这说明，如果没有必要的平抑市场的资金和物资，国家发布最高限价和最低限价的作用就要大打折扣。因此，如何在经济体制改革过程中，灵活而恰当地运用国家定价、国家指导价和市场调节价这三种主要价格形式，合理控制它们所占比重的升降变化，是一项重要的改革艺术。

三 价格从核算工具转变为最重要的调节手段

传统的吃“大锅饭”的经济体制严重贬低了价格在国民经济中的地位和作用，价格几乎成为单纯的经济核算工具，而同人们的经济利害脱节。在全民所有制的经济内部，各个企业、部门和地区并不是那么关心产品价格的高低和交换条件的好坏，因为那时实行统收统支制度，企业职工的收入同企业经济效益完全脱钩。这也是造成不同产品价格畸高畸低，价格体系不合理而且长期得不到纠正的一个重要原因，即不存在要求改善价格结构，扭转价格扭曲状态的压力和内在机制。这时，价格只是作为经济核算的工具，起不到调节资源分配、调节生产的作用。斯大林在《苏联社会主义经济问题》一书中认为，价值规律不能调节生产，正是传统体制下价格不能充当经济调节手段的理论说明。

与此同时，在处理国家与集体经济、城市居民和农民的关系方面，价格的分配职能则被滥用。为了高速实现社会主义工业化，国家常常把农产品收购价格压得很低，保留甚至扩大工农业产品价格“剪刀差”，以便从农业部门和农民手里得到更多的积累资金，用于建设重工业，结果把农民挖得很苦，严重挫伤了农民的生产积极性，使农业生产长期落后于国民经济的发展。在理论上，苏联长期流行的所谓没有价格同价值的背离就没有价格政策的观点，就是为这种剥夺农民的做法作理论辩护的。

随着人们对社会主义经济的本质属性是商品经济的确认，随着改革实践的推进，价值规律在社会主义经济中的作用越来越受到普遍的重视。价值规律不仅在流通领域起调节作用，在生产领域也起调节作用。相应地，价格就不只是作为经济核算的工具，而且是最重要、最有效的调节手段，产品价格高低，利润大小，越来越成为生产经营决策的主要依据。随着对价值规律作用的重视，那种违背价值规律的要求，人为地使价格严重背离价值的主观主义的价格政策，也受到有力的冲击。在理论上，则提出要弱化价格的分配职能，真正贯彻等价交换原则，更好地协调商品生产者和经营者之间的关系，以利于商品经济的发展。

价格职能的重大转变，说明价格在国民经济中的地位和作用都大大提高了。这种状况，有助于商品货币关系的扩大和市场机制的强化。在实际生活中，价格已成为人们从事经济活动的重要指示器，农民生产和出售什么农副产品，企业生产和经营什么产品，消费者购买什么商品，都首先考虑价格行情，从中作出决断。这正是商品经济意识。而商品经济意识的提高，必然使社会经济关系越来越卷入商品货币关系的旋涡，加速社会经济商品化的进程。

四 价格改革是市场取向改革的关键

经济体制改革以来，企业、个人乃至地方、部门经济利益的独立性日益明显，利益主体呈多元化格局。这时，原来不合理的价格体系，已不能成为评价各项经济活动效果的准则，对价格结构进行调整和改革的必要性日益突出。1984年10月通过的《中共中央关于经济体制改革的决定》，在确认社会主义经济是有计划的商品经济的同时，鲜明地提出：价格体系的改革是整个经济体制改革成败的关键。这样就把价格改革的意义和重要性提升到一个新的高度，并使人们在改革实践中采取了更加大胆的放开价格以形成新的价格模式的措施。

需要指出，上述认识是有曲折的，是随着改革的深化才逐渐被接受的。例如，1986年，鉴于宏观经济环境比较紧张，社会供求总量和结构失衡都比较严重，物价上涨压力比较大，因而深化价格改革难度比较大。有的同志就对价格改革的重要性，价格改革在整个经济体制改革中的关键地位表示怀疑；有人还建议绕开价格改革，或把价格改革放在后期处理，全力推进企业改革。原来拟议中的价格改革方案，也被束之高阁。但是，随着改革的推进和深化，改革理论研究的进一步开展，大家清楚地认识到：价格改革是绕不过去的，价格改革是整个经济体制改革过程中首先要过而又最难过的关口，价格改革的确是整个经济体制改革成败的关键。为什么中国经过十年改革后，价格改革成为进一步深化改革首当其冲的课题呢?

第一，经济体制改革的主题是发展社会主义商品经济，以迅速推动社会生产力的发展。为了更自觉地促进社会主义商品经济的发展，要求特别尊重商品经济的基本规律——价值规律。而价值规律的作用是通过价格及其运动实现的。深化价格改革，理顺价格关系，正是价值规律充分发挥作用，商品经济顺利发展的前提条件。所以，有的同志一方面强调发展商品经济，强调市场调节，主张凡是市场能办的事政府不必去干预，另一方面却又企图避开或推迟价格改革，贬低价格改革的意义，这在理论逻辑上是矛盾的。

第二，企业改革发展的客观要求。企业改革不能孤军深入，近两年价格改革和市场发育滞后对深化企业改革已产生消极影响。企业改革的目标是使企业真正成为自主经营、自负盈亏的商品生产者和经营者，把企业推向市场，在市场这个竞争的舞台上比高低。这本身也要求有比较规范和合理的评价企业经济活动效果的标准，即要求有比较合理的价格结构，因此需要加快推进价格改革，理顺价格关系。对自己生产或经营的产品的定价权和调价权，是独立的商品生产者和经营者必不可少的一项权力，是企业自主经营权的重要组成部分。这也要通过转换价格形成机制，转换价格模式来实现。

第三，优化资源配置与改善消费结构的需要。改革的目的在于提高经济活动的效果，促进社会生产力的发展，节约社会劳动。在商品经济的条件下，由于资源配置和消费结构是由市场导向的，因而要靠摆准价格信号来改善和优化。不合理的价格结构，等于给生产者、经营者和消费者一套错误的信号，必然导致资源配置失当和滥用浪费，使长线产业缩不短，短线产业拉不长。改革已十年，我们再也不能容忍这种长期困扰我国经济发展的状况继续下去。为此需要加快推进价格改革，使市场导向有助于改善我国的生产和消费结构。

第四，建立社会主义商品经济新秩序的需要。改革发展到今天，建立社会主义商品经济新秩序已提到重要的议事日程。商品经济秩序最重要的是自由竞争，公平交易，等价交换，反对垄断和封锁，排除非市场力量的干扰。这就要求政府尽可能放弃对具体产品和劳务价格的不必要的干预和管制，让价格回到市场交换中去形成，使价格真正反映资源的稀缺程度，即从根本上转换价格形成机制，实现从行政定价体制到市场定价体制的过渡。所以，深化价格改革，正是健全市场规则，建立商品经济新秩序的重要内容。

理论的进展有力地推动着改革的实践，价格改革又一次作为最重要的改革排入深化改革计划。1988年9月底，党的十三届三中全会还原则通过了《关于价格、工资改革的初步方案》，对今后五年及更长时间的价格改革作了战略部署。人们有理由期望经过五年或更长一段时间的努力，能够初步理顺价格关系，即解决对经济发展和市场发育有严重影响、突出不合理的价格问题。这对深化整个经济体制改革，使新体制在社会经济运行中发挥主导作用，将迈出重要的决定性一步。

五 “一调二放三挂钩”——价格改革前进的三部曲

我国进行经济体制改革包括价格改革已经十年。改革初期难以避免的撞击反射式前进的阶段已经过去。改革的深化要求有更坚实的理论指导，要求更好地总结国内外改革的经验教训，寻找其客观规律性，以增加改革的自觉性，避免只是应付眼前事变而缺乏战略眼光。而价格改革理论的进展，对价格改革规律性的把握，将使我国今后价格改革的规划建立在科学的基础上，减少实际操作中的盲目性，从而充分显示改革对经济发展的强大推动作用。

在这方面有重要意义的是：价格改革是采取一揽子转轨的方式还是逐步推进的方式？如果是渐进式的发展，那么是否可以大致勾画出几个大的不同阶段？目前，理论研究和实际做法都倾向于我国价格改革应采取逐步推进的方针。国内外价格专家还提出：价格改革一般将经历调整价格、放开价格、同国际市场价格挂钩三个阶段。调整价格在于初步理顺比价差价关系，使各行各业都能得到大体相同的利润水平；放开价格在于使价格能比较充分地反映市场供求关系，反映资源的稀缺程度；同国际市场价格挂钩，以便更好地参与国际市场竞争。

为什么改革价格体系要采取先调后放的方针？这是因为，要解决原来价格体系严重扭曲的问题（农产品价格偏低、工业初级产品价格偏低、房租和服务收费偏低、农副产品购销价格倒挂等），最好先采取有计划调整的办法，初步理顺价格关系，然后再在较大的范围内放开价格，以便使价格变动限制在可控制的范围之内，对人们利益关系的影响不致太快太大。如果不是这样，一开始就大量放开价格，原来偏低的产品的价格就会一次到位，上涨较多，使生产和经营这些产品的企业与部门骤然得到许多利益，原来偏高的产品的价格则会不动、上涨较少甚至有所下降，生产这些产品的企业和部门的经济利益就会相对减少，从而造成利益关系的大变动。改革的实践证明，在改革中如果发生利益关系的大变动，会增加改革的难度和阻力，影响改革的顺利进行。

采取先调后放的办法，还可以在价格改革过程中比较有效地控制物价总水平的上涨幅度，不至于使物价总水平失去控制，上涨过猛。因为调整价格对价格总水平的影响及连锁反应程度，是可以测算和控制的，而同放开价格会导致物价总水平的较大幅度上涨与连锁反应较大有所不同。例如，1979年我国大规模提高农产品价格（提价幅度22%多），大幅度提高8种主要副食品价格（提价幅度30%多），但1980年社会零售物价总指数上升幅度仅在1%～3%。与此不同，1985年放开农副产品价格对以后物价上涨发生重大影响。1986年社会零售物价总指数上升6%，其中因上一年涨价翘尾巴因素就占3%。1987年政府调价引起的零售物价上涨率不到2%，而全年社会零售物价总指数上涨率达7.3%。由于通货膨胀压力加大，1988年物价上涨幅度更大，超过16%。所以，如果先初步理顺价格关系，价格扭曲程度有所缓解，然后再放开价格，就可能不会带来物价总水平的大幅度上涨，连锁反应也会小一些，从而有利于价格改革的稳步推进。

放开价格是价格改革的方向，要逐步创造条件使除少数最重要的或垄断性产品和劳务价格外，统统放开价格。放开价格也要逐步进行，一次全部放开价格是不现实的，因为要么做不到，要么风险太大，造成社会震荡过于猛烈。在经济发展过程中，那些需要放开价格的产品，其供求关系变化，产品的供给弹性和需求弹性是不相同的。供求基本平衡或供给弹性、需求弹性较大的产品的价格，可以较快放开；而供求矛盾尖锐或供给弹性、需求弹性较小的产品的价格，就要放得慢一点。还有，在我看来，在价格改革过程中，生产资料价格要迟放少放一些。这样既有利于企业之间开展平等竞争，又能保证人民生活的安定。这种思路同管住上游产品价格放开下游产品价格的思路是不同的。如果上游产品较多地实行国家定价，而下游产品则实行市场调节价，就很难解决原材料价格或工业初级产品价格偏低而加工产品价格偏高的问题，或者会使原来不合理的比价复归。因为在一般情况下，国家定价往往是偏低的，或者因受国家管制或干预而使价格不能充分反映供求关系及资源的稀缺性，所以原材料价格或工业初级产品价格同价格放开的下游产品即加工产品的价格相比显得偏低。只有同样实行基本放开价格的方针，才有助于理顺工业初级产品和加工产品之间的价格关系。

从长远看，我国价格要同国际市场价格挂钩，以利于发展对外经济关系，参加国际市场竞争。从近中期看，则只能让部分产品同国际市场价格挂钩，以免受国际市场价格波动影响过大。同时，由于技术、管理水平都不高，加工工业消耗较大，为了提高本国的加工产品在国际市场上的竞争能力，国内的能源、原材料价格可考虑略低于国际市场价格。

十年来，我国价格改革的步伐总的来看并不算慢，可以说是比较快的，有力地配合和推动了整个经济体制改革。1984年以前调整价格的成绩更为显著。1984年以后，由于发生通货膨胀，放开价格带来物价总水平的较大幅度上涨，因而影响了放开价格的成效，并且严重影响了放开价格的步伐。即使如此，放开价格的成效也是相当显著的。一些价格供求弹性比较大的产品，如鲜鱼、水果、花生米、服装等，放开价格后虽有所上涨，但供给量增加较快，市场比较稳定和繁荣，受到广大居民的好评。

六　双轨制价格的风波

在价格改革实践和价格理论研究中，争议最大的莫过于双轨制价格问题，有的经济学家从一开始就持反对意见，非难颇多。有的经济学家则一直持肯定态度，认为这是学习市场经济的有效途径。也有不少经济学家认为，双轨制价格的出现有其客观必然性，在前一阶段可能利大于弊，后面受到通货膨胀的影响，双轨价差不但没有逐渐缩小反而不断扩大，因而逐渐暴露和突出其弊端，到现在已呈弊大于利的势头。

同种产品（主要指同种工业生产资料）在同一时间地点上存在计划内价格和计划外价格，是1984年开始出现的。1984年5月10日，国务院规定：工业生产资料属于企业自销（占计划内产品的2%）的和完成国家计划后的超产部分，一般在不高于或低于国家定价20%幅度内，企业有权自定价格，或由供需双方在规定的幅度内协商定价。1985年1月24日，国家物价局和国家物资局又通知，工业生产资料属于企业自销和完成国家计划后的超产部分的出厂价格，取消原定的不高于国家定价20%的规定，可按稍低于当地的市场价格出售，参与市场调节。双轨制价格就此合法化和公开化了。

工业生产资料价格双轨制的出现，在我国有其客观必然性。我国经济体制改革包括价格改革，不是采取突变式一次行动完成的，而是采取渐进式逐步发展完成的。从旧体制向新体制过渡，要经历十几二十年甚至更长的时间，也就是说，我国在改革过程中不可避免地要出现两种经济体制同时并存的局面。这反映在价格形成上，就是既存在按照原来的机制形成的价格，即国家统一定价，又存在改革过程中按照新的机制——市场机制形成的价格。这两种不同机制形成的价格，不仅表现在不同种类的商品交换中，形成板块分割，而且表现在同种商品的交换中，出现价格双轨的局面。价格双轨制正是集中反映了双重经济体制特别是双重计划体制和物资体制并存的态势。

工业生产资料价格双轨制，也是扩大企业自主权过程中不可避免的。我国城市改革是从扩大企业自主权开始的。随着改革的进行，国家规定计划内产品中有一部分（一般企业占2%）允许企业自销，超计划产品也允许企业自销。既然允许企业自销一部分产品，就应当允许企业对这部分产品有定价权，可以同买主进行协商定价，从而形成计划外价格。

由此可见，双轨制价格在我国出现合乎改革发展的逻辑，可以成为从行政定价体制向市场定价体制过渡的一种形式，从而发挥一定的历史作用。许多论者肯定双轨制价格的积极作用时往往从这一点出发。

这几年的实践说明，双轨制价格的利弊都很突出。双轨制价格能刺激紧缺物资的增产，满足计划照顾不到的乡镇工业原材料等的需要，有助于调剂余缺、调节流通，有助于了解市场供求关系的变化和反映正常的比价关系，这是它的利的一面。双轨制价格又常常冲击国家计划，影响供货合同计划的完成，不利于增强大中型企业的活力，助长投机倒把、追逐大量流通利润的恶习，不利于经济核算，等等，这是它的弊的一面。现在看来，如果双轨价差不那么大，例如，计划外价格高出计划价格的幅度在50%以内，双轨制价格的积极作用可能发挥得好一些，而其消极作用可能不会过于突出。但是，实际上，这两年，价差不是在缩小，而是在扩大。由于价差过大，利用双轨制价格从事投机倒把、追逐大量流通利润的现象日趋普遍和严重，甚至成为哄抬物价的重要力量和以权谋私的主要媒介。这样，逐步取消价格双轨制，变双轨制为市场单轨制，就成为下一步深化价格改革的重要内容。

双轨制价格的双轨屏障是很难做到严密的。计划外价格上涨幅度大，往往拉动计划价格变相上涨。目前，使用计划分配物资的企业，其价格由于受计划外高价影响，已逐渐变相上涨，一般都要高出国家规定的“本本价格”20%～50%。例如，目前钢材计划价700元/吨，用户实际使用价1100元/吨，市场价1800元/吨，用户实际使用价高出计划价50%以上，而市场价则高出计划价近160%。正因为计划外价格很高，使得计划价格内的各种形式的地方临时加价五花八门。以钢材为例，据我们1987年在湖北省的调查，其计划价格就有国家统一调拨价、地方价、中价（由地方政府有关部门掌握的非计划物资的官定价格）、临时价（又分冶金部定临时价、国家物价局定临时价、省市物价局定临时价等多种，实行地方临时价的已占总产量的40%）、优质价、来料加工价（物资部门使用的）、进口代理价、协作价等十几种。其中地方价（加上手续费）一般比“本本价格”高出50%以上。

看来，对双轨制价格，我们既不能估价过高，如像1985年“巴山轮会议”讨论时有的外国经济学家说的那样，是什么“发明创造”，“可以使行政的直接控制平衡地过渡到通过市场进行间接控制”，也不能把它说得一无是处，有百害而无一利。它是经济体制改革采取渐进式发展不可避免的，也是一种可以利用的过渡形式。随着改革的深化，要不失时机地进行并轨，向市场单轨制过渡。这样的理论认识，也许有助于价格改革的推进。

七　价格改革的难点和主要矛盾在于既要理顺价格关系又要稳定物价水平

价格改革的实践和理论的研究向人们昭示了这样一个重要原理：价格改革的难点和主要矛盾在于既要理顺价格关系又要稳定物价水平。这个问题处理好了，价格改革就能顺利发展；处理不好，价格改革就很难向前迈步，再好的方案也无法出台，甚至有可能重新强化行政干预。

在传统体制下，由于实行严格的行政管制，农产品价格、工业初级产品价格和一些服务收费长期被压得很低。改革价格体系，就要改变这种状况，提高上述偏低的价格，而原来偏高的产品价格是不容易降下来的。这样，在理顺价格关系过程中，物价总水平出现一定幅度的上涨是必然的。因此，进行价格改革，要打破传统的稳定物价即冻结物价、物价总水平越是原封不动越好的观念，逐步树立商品市场经济价格经常变动、价格总水平一般会有所上升的新观念。

在价格改革过程中，如果物价总水平的上涨只限于调整不合理的价格结构，那么其上涨率不会太高，估计在50%的幅度内。而由于物价改革是分阶段经历十年八年实施的，这样分解下来，年物价上涨率可以控制在3%～4%，也就是说，还能保持物价的基本稳定，即可以在保持物价基本稳定的条件下理顺价格关系。但这只是一种理想模式，实际发展常常越出这一理想模式，出现物价总水平上升幅度过大的情况，从而增加了价格改革的难度。

在改革过程中，如下几种情况的存在，常常导致需求过旺和通货膨胀。①经济发展“快了还要更快”的数量驱动和扩张冲动还普遍存在，形势稍趋好转便会走向过热。特别是宏观指导思想如果有追求高速度的片面倾向，就容易推行用多发货币来加快经济增长的政策，对过热的经济火上浇油。②改革放权，使地方、企业有了归自己支配的财权和财力，形成了新的膨胀主体。预算外投资已经成为社会固定资产投资膨胀的主力，工资基金、津贴以及社会集团购买力也由此变得难以控制，不断猛增。③结构失衡和总量膨胀互为因果，循环推动。当地方政府和企业成为新的投资主体之后，利润高低就对投资决策起引导作用，在价格扭曲尚未理顺的条件下，必然把投资引向价高利大的“短平快”项目和加工工业部门，而能源、交通、原材料等基础产品和服务则更加短缺，中央政府被迫采取多发票子等办法，把更大规模的投资用于瓶颈部门，面多加水，水多加面，加剧总量膨胀。④传统的宏观调节手段已经弱化，而新的调节手段尚未形成，这也增加了总量控制的难度，使得总量膨胀不但容易萌生，而且难以控制。近几年每年拟定的货币发行和信贷规模指标都被突破了。一是由于社会的总需求大于社会总供给，其幅度1984年以来每年都在11%～16%；二是由于货币的过量发行，1984年以来货币供应增加率每年都超出经济增长率（以国民收入增长率为代表）10%，导致了1984年以来，一方面经济长期过热，工业超高速增长，另一方面伴随着结构矛盾加剧，物价上涨幅度过大。1985—1987年，社会零售物价总指数平均上升7.3%，如加上生产资料价格的物价总水平上升幅度则达到两位数（10%左右），1988年，物价总水平以更大幅度上升，超过16%。

如果说，1984年以前，我国价格改革过程中物价总水平的上涨，主要是由对原来不合理的价格结构进行调整引起的，即主要是结构性的物价上涨，那么，1984年以后，我国的物价上涨，除了继续包含结构性物价上涨的因素外，主要是由通货膨胀所引起，并且表现为需求拉动型物价上涨，还夹杂一部分成本推动型物价上涨（工资增长速度超过劳动生产率增长速度引发的工资成本上升，进口原材料价格上涨引发的成本上升）。总之，1984年以来，由于发生通货膨胀，并且呈发展趋势，使原来顺利发展的价格改革受到干扰，结构性的价格调整和改革变成物价的普遍上涨。这样：①粮食等农产品收购价格偏低问题变得突出，粮价又一次像1979年那样成为整个价格体系的谷底。②近两年加工工业产品价格上涨率已不低于甚至高于原材料价格上涨率，工业初级产品价格偏低问题远未解决且逐渐突出。原来我们预计，对长期以来存在的不合理的价格结构进行调整，可能导致物价总水平上升约50%，然而从1979年到1987年，全国零售物价总指数已上升45.7%，但是目前价格体系的主要矛盾仍然未能得到根本解决，改革的任务仍然很繁重。

物价的持续过高上涨会让人们产生心理压力，使企业和单位不是致力于改进技术，改善经营管理，提高效益，而是致力于囤积居奇，投机倒卖，竞相提价，以及利用垄断和特权地位追逐大量流通利润等活动，使公众产生通货膨胀预期，挫伤群众储蓄的积极性，导致出现抢购物资、冲击市场等情况。这些情况只能使价格关系混乱，甚至使已初步理顺了的价格关系重新扭曲，即比价复归。物价上涨过猛，也会影响价格改革的深化，使原定的改革方案难以出台，甚至影响社会的安定。

现在，各方面已倾向于：价格改革的难点和主要矛盾在于一方面要理顺价格关系，另一方面在理顺过程中物价上涨幅度不能过大，要努力保持物价的基本稳定，以利于经济的稳定和社会安定。如果在改革过程中出现了通货膨胀，那么理顺价格关系和稳定物价水平的矛盾就会尖锐化，甚至难以解决。一次又一次的教训使人们认识到，深化价格改革，要尽可能排除通货膨胀的干扰，而如果已出现通货膨胀，则要治理它，特别是要抑制它的发展势头，彻底摒弃通货膨胀的政策。只有这样，才能为价格改革创造必要的经济环境。这也许是十年价格改革总结出的最主要的一条经验教训。

理顺价格关系和稳定物价水平的矛盾，在很大程度上规定和制约着价格改革过程中出现的其他矛盾，诸如价格与财政的矛盾，物价与工资的矛盾，国内价格水平与人民币汇价的矛盾，价格双轨制的矛盾，等等。这些矛盾在不出现通货膨胀时，都比较好解决。但是，如果出现通货膨胀，就会形成“物价—补贴—税收”的怪圈，出现物价与工资轮番上涨，国内价格水平上涨同人民币汇价下跌的恶性循环，以及双轨制价差拉大等一系列问题。

显然，上述对价格改革难点和主要矛盾的认识，必将增强我国今后价格改革的自觉性，有助于为顺利推进价格改革创造良好的条件，使价格改革更加健康发展。党的十三届三中全会批准中央政治局提出的治理经济环境、整顿经济秩序、全面深化改革的指导方针和政策、措施，充分体现了这一点。1988年10月1日发表的公报指出："为了创造理顺价格的条件，为了经济建设持续、稳步、健康地发展，必须在坚持改革、开放总方向的前提下，认真治理经济环境和整顿经济秩序。治理经济环境，主要是压缩社会总需求，抑制通货膨胀。整顿经济秩序，就是要整顿目前经济生活中特别是流通领域中出现的各种混乱现象……治理经济环境和整顿经济秩序是长期要注意的大问题，最要紧的是明后两年一定要抓出成效。明年价格改革的步子较小。务必确保明年的物价上涨幅度明显低于今年，明年一切工作都要服从这一点。"可以预期，按照上述已确定的方针，我国价格改革将在新的发展阶段胜利前进，在不太长的时期内实现价格模式的转换，并推动整个经济体制改革的进程。

八　从狭义价格改革发展为广义价格改革

传统的社会主义经济理论排斥广义价格概念，因为这种理论不承认资金、劳动力、土地等生产要素商品化的可能性和必然性，排斥市场机制的作用，认为利息率、工资、地价和地租都要由国家制定和调整。1985年"巴山轮会议"上提出了战略性价格的概念，即把生产要素价格归结为战略性价格[1]。随着社会主义商品经济理论研究的进展，生产要素被确认要逐渐商品化和进入市场，显露其价格，广义价格及其改革的概念被提出来并开始得到广泛的重视。近两三年，这方面研究取得了较大的进展。

在改革的实践方面，1979年以来，我国价格改革已经历如下两个阶段：1984年以前以调整各种产品（和劳务）价格为主的阶段，1984—1988年以放开各种产品（和劳务）价格为主的阶段。前十年可以归结为主要从事狭义的价格调整与改革。从1989年起，我国价格改革将进入一个新的阶段，其主要特征是物价、工资、利率联动的广义价格的调整与改革。只有跨越这一阶段，市场机制才能真正形成，市场取向的改革才能取得实质性进展。

从狭义价格改革发展为现阶段以物价、工资、利率联动（其中以物价改革为主，工资和利率的调整与改革配合）为主要特征的广义价格改革，是合乎价格改革进程逻辑的发展。

发展还是排斥商品货币关系，是新旧体制的根本区别所在。在扩展商品货币关系方面，我们已两次冲破传统经济理论的束缚，形成新的社会主义商品经济观。第一次为20世纪70年代末，肯定生产资料也是商品；第二次为1984年以后，肯定生产要素包括资金、劳动力、土地等的商品化或具有商品形式，商品经济就是市场经济。随着商品关系范围的扩大，不仅生产资料要进入市场，生产要素也要进入市场，

① “有三种价格是战略性的：一是资本的价格，即利率；二是劳动力的价格，即工资；三是外汇的价格，即汇率。国家要对这三个市场的运转加以控制。”（中国经济体制改革研究会编：《宏观经济的管理和改革》，经济日报出版社，1986，第50页。）

形成完整的市场体系，从而使依靠市场优化资源配置成为现实的经济过程。这是中国经济改革走在苏东各国前面的集中表现。不说苏联，就是南、匈各国，都未提出发展资金市场问题，更谈不上建立包括商品（劳务）、资金、劳动力、土地、技术、外汇等市场在内的市场体系的问题。

商品和市场范围的扩大，开拓了人们关于价格改革的视野。价格改革不只是包括各种产品和劳务的价格体系与形成机制的改革，而且包括各种生产要素的价格体系与形成机制的改革，即从狭义价格改革发展为广义价格改革。广义的价格改革过程同完整的市场体系的形成过程的统一，同市场机制整体功能发挥的统一，是这一时期价格改革的显著特点。如果说，1986年拟订价格改革方案时着重于价税财联动，那么，1988年拟订价格改革方案时进一步发展为物价、工资、利率联动，是合乎改革逻辑的。这标志着改革向深层发展和人们对改革认识的深化。

1985年以来，我国出现中度的通货膨胀，物价、工资、利率联动变得更为必要和迫切。在通货膨胀的袭击下，出现了原来不合理的比价复归，而改革的深化却要求进一步理顺产品（劳务）价格关系。由于1985年以来年物价（含生产资料价格）上涨率达到两位数，靠固定工资收入为生的公教人员等的生活补偿问题日益尖锐，许多企业工资的增长速度超过劳动生产率的增长速度，又成为推动物价上涨的因素，如何约束工资性收入（或消费基金）膨胀成为现实经济生活的难题。通货膨胀日趋严重，拉大了物价上涨率与平均利息率的差距，挫伤了居民储蓄的积极性，刺激了对货币资金的过度需求，不仅加重了资金供求矛盾，而且形成冲击市场的潜在和现实力量。因此，当前要深化价格改革，理顺价格关系，必须是物价、工资、利率、汇率等联动，对物价进行结构性调整和改革而引起的物价上涨，以及通货膨胀引起的物价上涨，要通过增加工资或补贴给予补偿，要提高利息率使实际利息率是正数而不是负数。

为使联动有条不紊地进行，考虑到物价改革已进行多年并取得了实质性进展，而工资、利率改革刚刚起步，为保证宏观经济变动的可控性，目前物价改革可实行放调结合以放为主，而工资和利率改革则实行调放结合以调为主。

工资改革的根本方向是走市场化道路。但由于目前劳动力市场尚未真正建立，因此工资远未具备由市场竞争形成的条件。目前，工资配合物价改革，主要内容还只能是考虑在物价改革过程中物价上涨不可避免，因而工资改革首先要解决补偿问题，兼顾改善结构，保证职工实际收入和生活水平不下降。补偿的形式可采取定额补助，必要时短期内实行工资指数化，还要对刺激失当的工资管理办法进行清理，在劳动力市场形成工资的竞争和约束机制前，不能放弃工资的总量控制。当前在工资分配中结构性矛盾相当突出，机关事业单位工资普遍偏低，既应看到国家目前尚无力量进行全面的结构性工资改革，也应当恢复定期升级制度，纠正1985年后再度停止定期升级的不当做法。

要配合物价改革，提高利率，实施紧缩的货币政策。国际经验表明：在商品经济条件下，利率是进行宏观经济管理的最重要工具，提高利率是治理通货膨胀的有效手段。要边治理经济环境边深化改革，必须自觉地启动利率杠杆，物价、工资、利率联动。首先将存贷款利率提高到实际物价上涨率水平，进而提高到预期物价上涨率水平，以保证实际利率为正数，其正数值可考虑在2%～4%的幅度内，从而稳定存款，稳定经济。要经过几年的努力，随着资金市场的逐步形成与发展，才能做到利息率由资金市场供求关系调节，目前则仍以国家有计划调节为主。

此外，要尽快实施城市地产有偿使用并允许转让出售，土地级差收益主要上缴国家财政。一切土地转变用途都要重新定租。与土地的使用相仿，一切矿产资源、水源、林地的开发使用都要缴租纳税。

人民币的汇率现阶段仍以国家调整为主。汇率的市场调节，包括取消双重汇率，恐怕要经过较长时间的准备以后才能实现。

可以预期，从狭义价格改革发展为广义价格改革，与土地管理体制改革、外汇体制改革共同汇合成一股强大的改革潮流，将促进“国家调节市场，市场引导企业”的新的经济运行机制的形成和完善，使社会经济生活逐步转移到新的体制上健康发展。

第三篇

社会主义市场经济论：中国改革开放的主要理论支柱①

自1978年党的十一届三中全会作出改革开放重大决策以来，我国经济迅速发展，人民生活水平大幅度提高，国家实力不断增强，并在全球经济中发挥着举足轻重的作用。30年来之所以能够取得令世人瞩目的辉煌成就，主要是坚持了市场取向改革，为国民经济不断注入新的活力。而社会主义市场经济论则是这一成功改革的主要理论支柱。

一 “三大改造”基本完成以来特别是改革开放以来探索计划与市场关系的科学结晶

在社会主义建设过程中，如何认识和处理计划与市场的关系，一直是党和国家领导人艰辛探索和研究的问题，也是我国经济学界关注和讨论的热点。1956—1957年，1959—1964年，我国经济学界前后两次掀起了对计划与市场关系问题讨论的高潮。讨论中，一些经济学家对排斥商品货币关系

① 原载《光明日报》2008年12月7日。

和市场机制、否定价值规律作用的传统社会主义经济体制和理论发起了一次又一次的冲击，提出了一系列今天看来仍富有启发性的观点和主张。比如：孙冶方提出要把计划放在价值规律基础上，利润的多少是反映企业技术水平和经营管理好坏的最综合的指标；于光远和卓炯认为，凡是加入交换的产品都是商品，商品经济与社会主义不矛盾，还可以成为建设社会主义的有力工具；等等。这一时期，党和国家领导人也曾提出过一些有积极意义的观点和政策主张，例如：陈云1956年提出在社会主义经济中要有市场调节作为补充；毛泽东1959年提出价值规律“是一个伟大的学校，只有利用它，才有可能教会我们的几千万干部和几万万人民，才有可能建设我们的社会主义和共产主义。否则一切均不可能”。

1978年党的十一届三中全会作出改革开放重大决策后，我国经济学界在党的解放思想、实事求是的思想路线指引下，一次又一次掀起了讨论计划与市场关系的热潮。1979年4月，在江苏省无锡市举行了全国经济理论讨论会，主题是社会主义经济中价值规律的作用，到会300多人。会议的主流观点是：社会主义经济也是一种商品经济，价值规律调节社会生产和流通，市场竞争是社会主义经济的内在机制，企业是有自身利益的商品生产者和经营者。这表明，在对计划与市场关系的认识上向前迈进了一大步。

1984年党的十二届三中全会通过的《中共中央关于经济体制改革的决定》，肯定了社会主义经济是公有制基础上有计划的商品经济。市场取向改革旋即由农村向城市全面展开，市场机制的魔力进一步惊人地显现出来，老百姓普遍得到实惠。20世纪80年代有两次改革成效特别突出：一为农村改革，实行家庭联产承包责任制，大大解放了农村生产力，农业生产迅速恢复和发展，农民收入大幅度提高。按可比价格计算，农林牧副渔业总产值1985年比1978年增长61.6%，年均增速达7.1%，大大高于一般年份增长2%～3%的速度，大大增强了改革开放的物质基础。二为价格改革，以放开商品和服务价格为主，转换经济运行机制。结果是，放到哪里活到哪里。哪种商品价格一放开，哪种商品就会像泉水般涌流出来，市场供应日益丰富。实践证明，在绝大多数领域，由市场配置资源比由计划配置资源更有效率。这一改革成效集中体现在20世纪90年代中后期，困扰我国几十年的卖方市场格局转变为深受老百姓欢迎的买方市场格局。

市场化改革的节节推进和成效日益显露，一些经济学家进一步提出，社会主义商品经济就是社会主义市场经济，社会主义商品经济体制就是有宏观管理的社会主义市场经济体制。建立竞争性的市场经济体制，能够有力地促进资源配置优化和效率提高，加快经济增速。社会主义市场经济论呼之欲出。

党和国家领导人的政治智慧和勇于理论创新的精神对社会主义市场经济论确立并成为主流观点起着决定性的作用。1979年，我国改革开放的总设计师邓小平就指出，社会主义也可以搞市场经济。1992年初，邓小平在南方谈话中进一步指出，计划多一点还是市场多一点，不是社会主义与资本主义的本质区别。计划经济不等于社会主义，资本主义也有计划；市场经济不等于资本主义，社会主义也有市场。计划和市场都是经济手段。在邓小平南方谈话的指引下，1992年10月党的十四大确定社会主义市场经济体制是我国经济体制改革的目标模式。从此，社会主义市场经济论确立起来，并逐渐得到经济学家和各界人士的普遍认同。

综上可见，社会主义市场经济论是“三大改造”基本完成以来特别是改革开放以来各方面对社会主义建设中计划与市场关系长期探索研究的科学结晶。

二 确立社会主义市场经济论之后中国改革开放全面大步展开

1993年，即确立社会主义市场经济论、明确社会主义市场经济体制是我国经济体制改革的目标后的第二年，党的十四届三中全会通过了《中共中央关于建立社会主义市场经济体制若干问题的决定》（以下简称《决定》），对怎样建立社会主义市场经济体制作出了具体部署。《决定》第一次明确了社会主义市场经济体制的基本框架，指出“必须坚持以公有制为主体、多种经济成分共同发展的方针，进一步转换国有企业经营机制，建立适应市场经济要求，产权清晰、权责明确、政企分开、管理科学的现代企业制度；建立全国统一开放的市场体系，实现城乡市场紧密结合，国内市场与国际市场相互衔接，促进资源的优化配置；转变政府管理经济的职能，建立以间接手段为主的完善的宏观调控体系，保证国民经济的健康运行；建立以按劳分配为主体，效率优先、兼顾公平的收入分配制度，鼓励一部分地区一部分人先富起来，走共同富裕的道路；建立多层次的社会保障制度，为城乡居民提供同我国国情相适应的社会保障，促进经济发展和社会稳定。这些主要环节是相互联系和相互制约的有机整体，构成社会主义市场经济体制的基本框架”。此后，中国市场化改革向深层次全方位迅速展开。

第一，国有企业改革从过去的放权让利转向体制创新，以建立现代企业制度为方向，努力适应市场经济的发展。通过对国有经济布局和结构的战略性调整和对国有大中型企业进行公司制股份制改革，使国有经济走出困境，许多国有大中型企业转换了经营机制，提高了市场竞争力和活力，国有经济的控制力得到增强。

1997年全国国有企业有25.4万户，到2007年减少到11.5万户，减少了一半多国有经济总量，但国有企业资产总额不断扩大，综合实力不断增强：1997年全国国有企业资产总额为13.9万亿元，到2007年增长到35.5万亿元。1998年，2/3以上的国有企业亏损，全国国有企业加起来的利润才213.7亿元，而到2007年，国有企业利润总额达到1.7万亿元，实现大幅度增长。目前，地方国有企业改制面已超过80%，中央企业及其下属子企业的公司制股份制改制面已由2002年的30.4%提高到2007年的64.2%。在A股市场的1500多户上市公司中，含有国有股份的上市公司有1100多户，在境外资本市场上市的中央企业控股的上市公司有78户。所有这些均表明，我国国有企业改革已取得实质性进展。

第二，财政体制进行了重大改革。1994年实行了适应市场经济发展的分税制改革，即在中央和地方两级财政之间实行分税制，改变原来实行的地方财政包干的办法。在分税制中，增值税是最大税种，实行中央和地方分成，中央得75%，地方得25%，消费税则全归中央，增值税和消费税比上年增长部分以1∶0.3的比例返还地方。这一改革一方面促进了财政收入的迅速增长，1993年全国财政收入为4348.95亿元，而到2007年，全国财政收入跃增至51304.03亿元，增长（名义增长）了10.8倍；另一方面使中央财政收入占国家财政收入的比重迅速提高，1993年中央财政收入占国家财政收入的比重为22%，而到2007年，这一比重提高到54.1%，这就使中央对地方财政转移支付的能力大大增强。进入21世纪后，财政体系又进行了重大转型，即从经济建设型财政向公共服务型财政转变，承诺逐步实现对全体居民基本公共服务均等化。这就意味着财政支出结构将作重大调整，即大幅度提高用于公共服务的部分，提高用于欠发达地区和低收入群体的部分。

第三，2001年12月我国正式加入世界贸易组织，我国的对外开放进入了新阶段。加入世贸组织是顺应经济全球化潮流的重大举动，具有里程碑意义。作出这一决策是党的第三代中央领导集体最耀眼的历史功绩。在“入世”谈判中，不少人忧心忡忡，怕“入世”会影响国家安全，许多产业包括金融、商业、农业、信息等会受到很大冲击，弊大于利，至少短期弊大于利。但中国“入世”7年的实践证明，“入世”对中国利大于弊，原来的许多担心都没有出现。中国是经济全球化的受益者，“入世”提高了中国的收益率。“入世"以后，中国的经济总量、对外贸易、利用外资、外汇储备等的增速都加快了，中国对世界经济增长的贡献率2000—2006年平均值超过15%。而且，开放促进了改革，"入世"使中国一大批同市场经济一般规则相抵触的法律法规和政策得以修改和废止。许多产业着力提高自主创新能力，提高市场竞争力。许多企业"走出去"，充分利用两个市场、两种资源发展壮大自己。

第四，个体、私营等非公有制经济大发展。1993年、1994年、1995年私营企业户数增幅均超过50%。1997年，党的十五大进一步肯定了个体、私营等非公有制经济是社会主义市场经济的有机组成部分。到2006年，私营企业达497.4万家，从业人员6396万人，个体企业达2576万家，从业人员7500万人，私营和个体企业营业额已突破6万亿元。多年来，个体、私营等非公有制经济是我国重要的经济增长点，是提供新就业岗位的主渠道，是满足全国人民不断增长的多样化的物质文化需要的生力军。个体、私营等非公有制经济的大发展，形成了我国多元市场主体竞争格局，有力地推动了公有制企业适应市场经济改革的深入开展。

第五，积极推进社会领域改革。进入21世纪，社会领域改革迅速展开：义务教育阶段学杂费已全部取消；最低生活保障制度已从城市扩展至农村；正在积极探索城乡居民养老保障制度建设；新型农村合作医疗制度建设进展很快，目前已有7亿多农民参加；城镇居民基本医疗保险正在积极推进；努力建立健全廉租房制度，解决城市低收入家庭住房困难；等等。

第六，加快行政管理体制改革，转变政府职能。为适应社会主义市场经济的发展，积极推进政府改革、政府职能转换，从全能型政府、经济建设型政府向公共服务型政府转变，实行政企分开、政资分开、政事分开、政府与市场中介组织分开，切实履行经济调节、市场监管、社会管理、公共服务职能。推进了审批制度改革，减少审批，依法审批，政府不再直接干预企业的生产经营活动。

在这期间，还实现了国有大型商业银行整体上市，进行了资本市场上的股权分置改革，取消了农业税，统一了内外资企业所得税，对一些垄断行业企业进行分拆和引入竞争机制，进行文化体制改革，等等。

由于以上许多改革在20世纪90年代的迅速推进，到2000年，我国已初步建立起社会主义市场经济体制，市场已开始在资源配置中起基础性作用。进入21世纪，新体制正按照发展社会主义市场经济的要求进行完善，以便使整个国民经济充满活力，富有效率，更加开放，继续为发展中国特色社会主义提供强大动力和体制保障，并争取于2020年建成完善的社会主义市场经济体制。到那时，社会主义市场经济论将得到新体制的依托牢固地树立起来。

三 社会主义与市场经济的有机结合：一项具有划时代意义的理论创新

社会主义市场经济论立论的基础是社会主义与市场经济能够相互结合，而不是像传统理论认定的那样是完全对立的。不光要从理论上论证两者能够结合，更要在实践上广泛和反复证明两者能够结合。以往的市场经济都是同资本主义或者私有制相结合的。我国在社会主义条件下发展市场经济，是前无古人的伟大创举，也是一项全新的课题。在成功实践的基础上概括出来的社会主义市场经济论，是中国共产党人和马克思主义经济学家关于科学社会主义的重大理论创新，也是对经济科学的划时代贡献。

社会主义市场经济论的难点在于公有制与市场经济的有机结合。我国已确立了公有制为主体、多种所有制经济共同发展的基本经济制度。在这一基本经济制度中，个体、私营等非公有制经济能够与市场经济结合，这是没有问题的，问题在于公有制特别是国有制能否与市场经济结合。这不但是一个理论问题，更是一个实践问题。传统计划经济体制下的公有制和国有制是难以同市场经济结合的。改革开放后，各方面都在努力寻找能同市场经济结合的公有制和国有制的实现形式。经过多年探索和实践，我们终于找到了能够同市场经济相结合的公有制包括国有制的有效实现形式——股份制。股份制是现代企业的一种资本组织形式，有利于所有权和经营权的分离，有利于提高企业和资本的运作效率，资本主义可以用，社会主义也可以用。推进公有制企业包括国有企业的公司制股份制改革，可以使公有制企业适应市场经济的发展，改革成为自主经营、自负盈亏的市场主体和法人实体，并可以在公司制股份制框架下逐步完善公司法人治理结构。因此，将公有制企业特别是国有大中型企业改革为现代股份公司，其中重要的企业实行国家控股（个别的还可以是国有独资），就可以同一般市场经济国家的现代公司接轨，不仅可以同非公有制市场主体如外资企业、私营企业展开平等竞争，而且可以走向国际市场，参与国际市场竞争。可见，通过股份制，我国的公有制特别是国有制找到了一个与市场经济相结合的形式和途径。

在社会主义条件下发展市场经济，要求以人为本，以实现共同富裕为目标，防止两极分化。正如胡锦涛总书记在党的十七大报告中指出的："要始终把实现好、维护好、发展好最广大人民的根本利益作为党和国家一切工作的出发点和落脚点，尊重人民主体地位，发挥人民首创精神，保障人民各项权益，走共同富裕道路，促进人民的全面发展，做到发展为了人民、发展依靠人民、发展成果由人民共享。"这就要求坚持和完善按劳分配为主体、多种分配方式并存的分配制度，要让全国人民共享改革发展的成果。公有制为主体，社会主义国家的收入分配政策，公共的财政体系，完善的社会保障制度，将有力地促进和保证走共同富裕的道路。当前在这方面存在不少实际问题，比如不同地区不同群体收入差距过大，社会公平受到严重挑战，党和政府正在采取各种措施加以解决。

社会主义与市场经济相结合，是社会主义和市场经济两个方面相互适应的过程。一方面，公有制要着力适应市场经济，国有制要通过股份制形式实现同市场经济的结合；另一方面，市场经济的发展要着重适应社会主义共同富裕目标。这样就能实现社会主义与市场经济的有机结合。我们对这一结合的成功实践充满信心，从而对社会主义市场经济论的科学性充满信心。

四 完善社会主义市场经济体制，发展社会主义市场经济，以此证明社会主义市场经济论具有旺盛生命力

我国改革开放30年取得的举世瞩目成就，已初步证明了社会主义市场经济论的科学性和旺盛生命力。在国内，社会主义市场经济论已深入人心，深得社会各界的广泛认同，坚持社会主义市场经济的改革方向，已成为社会的广泛共识和实践指南。同时也要看到，国外一些经济学家和其他人士至今仍对社会主义与市场经济结合表示怀疑，国内个别人士也时不时对改革进程中出现的暂时困难和问题提出责难。为增强社会主义市场经济论的说服力，还要在改革和发展的实践中继续努力，作出更大成绩。

首先，要深化改革，完善社会主义市场经济体制。我国已建立起社会主义市场经济体制的框架，新体制的优越性正日益显现，但还不完善，仍有一些改革攻坚任务有待完成，比如，政府职能转换改革、国有中央企业改革、垄断行业改革和收入分配制度改革等。之所以要攻坚，除了因为这些改革属于深层次，牵涉到许多人的切身利益外，还因为会受到某些既得利益群体的阻挠。这就需要有党和政府自上而下的有力推动，排除既得利益群体的干扰，提高改革决策的科学性，增强改革措施的协调性。

完善新体制的另一个着力点是努力实现社会主义市场经济法治化，将社会经济活动纳入法治轨道。法治的市场经济

可以有效防止产生权贵资本主义，防止有人利用公有制为私人谋利益，保证公有制特别是国有制为公众谋利益，服务于实现共同富裕的目标。

其次，要在发展社会主义市场经济方面作出更加辉煌的成就。中国在社会主义条件下发展市场经济已经取得巨大成就。1978—2007年，年均GDP增速达9.8%，比1953—1978年平均增速高近4个百分点，比同期全世界平均增速高2倍，目前中国已成为世界第四大经济体，2007年人均GDP按当年汇率计算为2500美元左右，进入中等收入国家行列。与此同时，我们也要冷静地看到，中国还处于并将长期处于社会主义初级阶段，工业化和城市化尚未很好实现，全面建设小康社会和基本实现现代化的任务还很重。21世纪头20年，对我国来说是一个难得的重要战略机遇期。我们要按照党的十七大提出的全面建设小康社会奋斗目标的新要求，到2020年全面建设成惠及十几亿人口的更高水平的小康社会。然后更进一步，到21世纪中叶基本实现现代化，实现中华民族的伟大复兴。我国经济已高速增长了30年，比日本和韩国20世纪持续高速增长的时间更长，被公认是“中国奇迹”。我们有信心，至少今后20年，我国经济仍将快速增长。我国有世界上最广阔的市场，有很高的居民储蓄率，有丰富的劳动力资源且劳动力素质不断提高，有日益先进的技术力量，这些都是我国经济持续高速增长的决定性因素。只要我们继续完善新体制，深入贯彻落实科学发展观，我国经济社会的快速列车就必将继续飞驰向前。

第四篇

深化改革，推进粗放型经济增长方式转变[①]

加快推进粗放型经济增长方式转变，是2005年10月通过的《中共中央关于制定国民经济和社会发展第十一个五年规划的建议》（以下简称《建议》）的一个重要内容，是“十一五”时期我国经济发展面临最严峻的挑战和最紧迫的任务。10年前，1995年在制订“九五”计划时，曾经提出实行两个根本性转变，即从传统的计划经济体制向社会主义市场经济体制转变和从粗放型经济增长方式向集约型经济增长方式转变的任务。从那以后，转变经济增长方式取得了一定成效，比如1980—2002年，单位GDP能耗下降66.8%[②]，但仍不理想，因为我们原来经济增长的粗放程度很高，现有的成就尚未达到根本转变的目标。转变不理想的原因之一，是前一段粗放型经济增长还有一定的空间，尚未到难以为继的地步。社会主义市场经济体制还不完善，也影响着经济增长方式的转变。“十一五”时期则不同，粗放型经济扩张已走到尽头，不转变已经不行了。还

① 原载《经济研究》2005年第11期。

② 王梦奎主编：《中国中长期发展的重要问题》，中国发展出版社，2005，第6页。

有，这次提出转变经济增长方式，其内涵也不限于从粗放外延型转变为集约内涵型，而是要从高投入、高消耗、高排放、低效率的粗放型经济增长方式，转变为低投入、低消耗、低排放、高效率的资源节约型经济增长方式，把提高自主创新能力和节约资源、保护环境作为重要内容。

一 资源瓶颈制约突出，转变经济增长方式刻不容缓

我国经济和社会经过改革开放后26年的快速发展，特别是2003年以来9%以上的GDP高速增长，一部分行业（如建材、钢铁、电解铝等）已经出现生产能力过剩现象，今后还可能会有其他行业由于前期投资过热而陆续出现生产能力过剩现象[①]。与此同时，资源瓶颈制约和环境压力不断加大，可持续发展问题日益突出，高投入、高消耗、高排放、低效率的粗放型增长已难以为继。我国人均耕地占有量为世界平均水平的40%左右，2004年为人均1.41亩，随着工业化和城市化的推进以及人口的增加，人均耕地还将减少。我国人均淡水资源占有量仅为世界平均水平的1/4，且时空分布不均。目前600多个城市中已有400多个缺水，110个严重缺水。我国人均占有的石油、天然气和煤炭资源储量分别为世界平均水平的11%、4.5%和79%；45种矿产资源人均占有量不到世界

① 商务部材料，2005年前5个月，39个工业行业的产成品库存同比增长19%，特别是钢铁、电解铝等产品供过于求的矛盾比较严重。

平均水平的一半；铁、铜、铝等主要矿产资源储量分别为世界平均水平的1/6、1/6和1/9。主要矿产资源的对外依存度已从1990年的5%上升到目前的50%以上。2003年，中国石油消费量为2.67亿吨，进口石油9700万吨，对外依存度为36%。2004年，中国石油消费量为2.92亿吨，进口石油1.23亿吨，对外依存度达42.1%。2004年，我国铁矿石进口2.08亿吨，对外依存度为40%左右。2005年铁矿石进口将进一步提高至2.4亿吨，占世界自由贸易量的50%以上。铜精矿和氧化铝消费量的50%都依赖进口。中国资源进口不断增加，也助推了国际市场资源性产品价格的上涨。自1999年以来，国际市场原油价格已上涨了约4倍。中国进口的铁矿石价格，2003年上涨30%，2004年上涨80%，2005年初上涨71.5%。

我国资源利用效率低，从资源投入与产出看，2004年，我国GDP按当时汇率计算占全世界GDP的4%，但消耗了全球8%的原油、10%的电力、19%的铝、20%的铜和31%的煤炭。我国能源利用效率低，目前，钢铁、有色金属、电力、化工等8个高耗能行业单位产品能耗比世界先进水平高40%以上，单位建筑面积采暖能耗相当于气候条件相近发达国家的2～3倍。工业用水重复利用率、矿产资源总回收率分别比国外先进水平低15%～25%和20%。中国矿产资源总回收率只有30%，城市水的回用率也仅为30%左右。

粗放型经济增长方式对环境施加的压力日益增大，几近极限。2003年，我国工业和生活废水排放总量为680亿吨；化学需氧量排放1334万吨，居世界第一位；二氧化硫排放量为2159万吨，居世界第一位，90%的二氧化硫排放是由用煤导致的；二氧化碳年排放量仅次于美国，居世界第二位。全国七大水系38%的断面属五类及劣五类水质；90%流经城市的河段受到严重污染；大部分湖泊富营养化问题突出；近岸海域污染面积仍在扩大，赤潮灾害频繁发生；全国近一半的城镇水源地水质不符合原水标准，农村尚有近3亿人喝不上符合标准的饮用水；酸沉降、光化学烟雾、细颗粒物已经在城市密集地区构成严重的区域性污染。世界十大污染城市，中国占了6个。2005年初，瑞士达沃斯世界经济论坛公布了最新的环境可持续指数评价，在全球144个国家和地区的排序中，中国居第133位。

与此同时，生态退化问题也比较突出。目前，全国水土流失面积为356万平方公里，占国土面积的37%。沙化土地面积174万平方公里，且有扩展之势。草原超载放牧，乱采滥挖现象严重，鼠虫灾害频繁，全国退化草原面积已占草原总面积的90%。

1995年，党的十四届五中全会和“九五”计划确立实现经济增长方式根本性转变的方针以来，我国粗放型扩张的经济增长方式至今仍未实现根本性转变，高投入、高消耗、高排放、低效率的格局未变。进入21世纪后，各地热衷于发展重化工业和耗能高的产品，能源消费弹性系数大幅度提高，能源的瓶颈制约特别突出，情况见表1。

表1　我国的能源消费弹性系数（1981—2004）

时期	GDP增长率/%	能源消费增长率/%	能源消费弹性系数
1981—1990	143.0	64.0	0.44

续表

时期	GDP增长率/%	能源消费增长率/%	能源消费弹性系数
1991—2000	162.0	32.0	0.20
1996—2000	48.8	0	0
2001—2004	43.1	46.7	1.08
2004	10.1	16.1	1.59

资料来源：《中国统计年鉴》。

针对这种严峻情况，《建议》在提出“十一五”期间的目标时，除了提出在优化结构、提高效益和降低消耗的基础上，实现2010年人均GDP比2000年翻一番，普及和巩固九年义务教育等外，还特别提出，资源利用效率显著提高，单位国内生产总值能源消耗比“十五”期末降低20%左右，即能源消费弹性系数要降到1以下，节约能源成为节约资源的重点。还要求，生态环境恶化趋势基本遏制，耕地减少过多状况得到有效控制，等等。

转变经济增长方式，就要实现由主要依靠资金和自然资源支撑经济增长向主要依靠人力资本投入、劳动力素质提高和技术进步支撑经济增长转变，实现由“资源—产品—废弃物”的流程向“资源—产品—废弃物—再生资源”的循环经济型模式转变。为此，必须不断增强自主创新能力，大力发展循环经济，建立资源节约型的生产方式和消费方式，强化环境和生态保护，真正走可持续发展的道路。这是关系“十一五”规划能否顺利实施的全局性问题。

二 从体制机制方面逼迫经济增长方式转变，提高经济增长的质量和效益

我国要落实党中央提出的科学发展观，转变经济增长方式，提高经济增长的质量和效益，除了要实施有利于自主创新、优化产业结构、节约能源资源的方针政策，完善法律法规以外，主要应靠深化改革，形成推动经济增长方式转变的体制机制。

我国粗放型经济增长方式之所以难以根本转变，重要原因在于我国现行财税、价格等体制，刺激了各地热衷于工业立市和外延式经济扩张。在现行的财税制度下，发展工业特别是重化工业，能给地方政府带来比发展高新技术产业和第三产业更多的税收和财政收入，而长期以来我国资源产品价格因为受到政府管制明显偏低，以及可以不支付环境污染成本，这都鼓励了人们对资源的低效滥用和浪费。具体表现在：

一是地价低。一些地方政府用行政权力向农民低价征地，然后办开发区等，用低价出让土地招商引资。近年来，在农地向建设用地流转的过程中，各种压低补偿安置标准的行为和各种寻租行为等侵害农民权益的事情屡有发生，导致群体上访事件不断发生。据国土资源部2003年上半年统计，违法占用土地问题占信访部门接待量的73%，其中40%与征地过程中产生的各种纠纷有关，87%与征地补偿标准偏低有关。国家信访部门2003年受理土地征用上访4116件，大部分与农民失地失业有关。

二是水价低。2003年，我国城市的每立方米水价为0.15美元，农用水几乎是免费的，而国外每立方米水价南非是0.47美元，美国是0.51美元，德国是1.45美元。各个城市水价普遍偏低，广州市居民用水价格为0.9元/米^3，总体看目前仅为国际水价的1/3。2005年上半年，我国水行业全行业亏损。

三是能源价格包括煤价、油价、电价低。中国的燃油税是美国的1/10，是欧洲的3%～5%。大量高耗能产品之所以争着出口，就是因为中国能源价格低。

四是矿产品价格低。我国15万家矿山企业中仅有2万家矿山企业是要付费取得矿山开采权的，绝大部分矿山企业是通过行政授权无偿占有的。我国矿产资源补偿费平均率为1.18%，而外国一般为2%～8%。我国石油、天然气的费率为1%，远远低于美国的12.5%和澳大利亚的10%。

要改变粗放型经济增长方式，形成节能、节地、节水、节材的生产方式和消费模式，必须深化经济体制改革，特别是财税体制改革和价格改革，使各种生产要素和产品的价格能很好地反映资源的稀缺程度，此外还要切实转变政府职能等。通过深化改革，用经济杠杆迫使生产企业和消费者节约使用资源，提高资源利用效率，从根本上减少环境污染，真正实现经济增长方式的转变。

三 财税体制和政策怎样促进经济增长方式的转变

转变经济增长方式，提高经济活动的质量和效益，是一个很大的目标和任务，这当中，深化财税改革，完善财税政策，有着极其重要的作用。

首先，要完善预算制度，将所有政府性收入全部纳入预算管理统筹安排使用，接受人大和公众的监督。前一阶段，主要是城市政府的土地收入和一些收费与基金等预算外资金，往往被地方政府用于搞开发区、市政形象工程、政绩工程等，铺摊子，上项目，粗放式扩张，造成土地和其他资源的滥用浪费，引发经济走向过热。在很多情况下，中央政府的宏观调控，主要是调控地方政府盲目扩张经济的行为。要从根本上改变政府充当地方经济活动主角的不正常状况，必须从财力上防止上述不规范的政府行为的发生。实践证明，游离于预算的统一规范管理之外的几千亿上万亿元的资金使用得不规范、不透明，不仅不利于政府转变职能，成为腐败的土壤，而且必然助长追求短期效益的粗放式增长方式。因此，必须深化预算改革，真正实现预算硬约束，使财政资金真正用于公共服务领域，促进经济增长方式的转变。

其次，设立和完善有利于资源节约、环境保护和经济增长方式转变的税收制度。至少包括以下几项：

调整和完善资源税。开征资源税有利于抑制对矿产资源的乱采滥挖和掠夺性开采，有利于保护矿产资源，促进资源的合理开发和有效利用。但我国的资源税的征收存在不少问题。目前我国在矿业权取得环节上存在大量无偿使用的问题。我国大部分矿山企业都是通过行政授权无偿使用矿山开采权的，少部分有偿使用矿山开采权的矿山企业的付费水平也过低。因此，有必要普遍实行矿产资源有偿使用制度，并提高税率或补偿费率，运用市场机制促进资源的节约和提高资源的利用效率。

实施燃油税。目前我国汽油虽已纳入消费税范围，但税率低，需单独开征燃油税，将公路养路费、过桥费、过路费和公路运输管理费等纳入燃油税中。按照原来设计的方案，实施燃油税后，汽油的销售价格每升将提高1元多人民币，即提高20%多。实施燃油税，将会有力地促进汽油的节约使用，提高对汽油等紧缺资源的有效利用程度。

取消高耗能、高污染和资源性产品的出口退税。我国是能源资源并不富有的国家，出口高耗能、高污染和资源性产品，等于出口能源和资源并带来环境污染。取消这些产品的出口退税，有利于节约能源、资源和保护环境，提高能源、资源的使用效率。

稳步推行物业税。物业税又称“房地产税”，根据房产和土地的评估价值征税。谁的房产多，谁就要多缴税，且不是一次性多缴税，而是每年都要多缴税。这样，就能使人们多买房、买大房等着升值牟利的欲望减低，转而考虑支付房地产税的成本，从而控制对房产的过度需求，有利于防止房地产业泡沫的出现，促进房地产业的健康发展。

最后，要对有利于转变经济增长方式的自主创新和技术改造、发展循环经济、节能节材产品的生产和使用、保护生态和环境的行为等，给予财政支持和税收优惠。

四 深化价格改革，要点是使生产要素和资源产品价格能反映资源稀缺程度

高投入、高消耗、高排放、低效率的粗放型增长方式之所以难转变，是因为我国的生产要素价格和资源产品价格长期受国家管制，严重偏低。资金的价格低，地价低，水价低，能源价格包括电价低。要转变经济增长方式，建立节地、节能、节水、节材的生产方式和消费方式，必须积极推进生产要素和资源产品价格改革，建立反映市场供求状况和资源稀缺程度的价格形成机制，节约利用资源，提高效率。我国能源价格长期偏低，比价也不合理。2004年国内汽油、柴油出厂价格比新加坡、鹿特丹、纽约三地市场进口到岸完税价格的平均水平分别低791元/吨、837元/吨，国内汽油、柴油零售中准价较三地市场进口到岸完税价格的平均水平分别低231元/吨、335元/吨。国际上煤炭、石油、天然气的比价关系大体为1∶1.5∶1.35，而我国实际大致为1∶4∶3，煤价明显偏低。国际上天然气与原油按热值计算比价平均为1.05∶1，而我国为0.4∶1，天然气价格偏低[①]。此外，电力价格也偏低。因此，要节能，首先要调整过低的能源价格。国外有经济学家曾对2500家公司做过一次研究，发现能源使用量的降低55%归功于价格调整，17%归功于研究与开发的结果，还有12%源于所有制形式的不同，其余则归结为工业所

① 中国价格协会联合课题组：《“十一五”时期深化能源价格改革的基本思路研究》（2005年5月），第6~7页。

占份额的变化[①]。中国是淡水资源短缺的国家，可是水的利用效率较低，单位国内生产总值消费的水资源相当于一些发达国家的4倍，重要原因是水价低。国际普遍流行的水价构成包括水资源价格、水工程成本、水处理成本、水管理成本及污水处理的成本。而我国的水价只包括水工程成本、水处理成本和污水处理费。可见，要节约用水，必须提高水价，用价格杠杆来限制水的滥用浪费。国外的一些资料也证明了这一点。美国的研究结果是，水价从每立方米7.9美分提高到每立方米13.2美分，用水量减少42%；从15.9美分提高到21.1美分，用水量减少26%[②]。我国东部一些城市有这样的经验。有限的水资源如何分配给企业？是政府计划分配，还是用公开拍卖谁出的价高卖给谁的办法？事实证明，用后一种办法能最有效地利用水资源，这说明价格杠杆的作用是非常见效的。

2005年经济增速很快（上半年达9.5%），而物价上涨率低，CPI上半年为2.3%，7月为1.8%，8月为1.3%，远低于国家发改委规定的“两条控制线”，即各省、市、自治区居民消费价格指数月环比上涨率超过（含达到）1%，或连续3个月同比超过（含达到）4%时，该省、市、自治区就要暂停调价（指政府定价和政府指导价部分）3个月。2005年以来生产资料价格涨幅趋缓，工业消费品价格由于多数供过于求，竞争激烈，难以上涨，农产品价格也较平稳，因而通货

① 世界银行：《中国“十一五”规划的政策》，2004，第70页。

② 段治平：《我国水价改革历程及改革趋向分析》，《中国物价》2003年第4期。

膨胀压力不大，正有利于逐步提高资源产品价格。我们要抓住这一有利时机，出台一些调价措施。

在理顺各项资源产品价格的过程中，重点是调高能源价格，包括要尽快出台燃油税政策，提高汽油价格。还要逐步调整煤、天然气、电的价格。提高能源价格，是降低能源消耗系数的有效途径。此外：要提高矿山资源补偿费；水价应计算水资源价格，污水处理费要能补偿成本并略有利润；严禁低价征用农民土地；城市经营性土地价格一律公开拍卖，严防暗箱操作；等等。

提高水、电、油等的价格后，要考虑对农民和低收入群体提供某种补助，包括适当提高最低生活保障标准等。

此外，最重要的生产要素资本的价格利率的市场化进程仍需继续推进，还要稳步推进汇率形成机制改革。劳动力价格形成机制也要随着劳动力市场的完善而逐步完善。技术价格已基本由市场形成，当前最重要的是要切实保护知识产权，打击侵权行为，在这个前提下完善价格形成机制等。

五　推进其他方面改革，形成促进经济增长方式转变的合力

首先，要切实转变政府职能，从经济活动的主角转为公共服务型政府。真正实行政企分开、政资分开、政事分开、政府与市场中介组织分开，政府不再干预微观经济活动。政府要贯彻以经济建设为中心的方针，但不能因此就自认为

是经济活动的主角，主导经济资源的配置。在社会主义市场经济条件下，经济活动的主角是企业。经营城市是政府职能的大错位。政府不能办企业，这是早就明确了的，怎么能去做以营利为目的的经营城市呢？2003年以来，主要是地方政府为追求GDP的高速增长和形象工程，大搞开发区和市政建设，个个都要工业立市，铺摊子，上项目，外延式扩张，引发经济走向过热。资料显示，2003年以来这一轮经济过热中，政府直接投资的比例超过60%，政府通过廉价征用土地促成了城市化的高速发展和开发区的过度膨胀。在很多情况下，中央政府的宏观经济调控不得不采取行政手段，否则很难见效。政府改革和转换职能已成为今后深化改革的关键环节。政府应当着力完善社会管理和公共服务职能。联合国驻华机构对中国“十一五”规划的箴言提出，采用相对适度的财政支出政策，就可以大大改善弱势群体的社会生存状况。比如，便利地获取基本医疗保健服务及医疗保健信息，可以预防75%以上的孕产期死亡和降低70%以上的5岁以下婴幼儿死亡率。还要改变公共服务不平等状况，比如在健康领域，政府2/3的支出服务于40%的城市人口。各地政府每年人均卫生保健支出差异很大，北京市和上海市为200元人民币而河南省和湖南省为不足20元人民币。

其次，改革干部政绩考核和提拔任用体制。干部政绩不能只看GDP（和绿色GDP）增速，更要看市场监管、社会管理和公共服务水平，包括就业、社会保障、教育、文化、环保、生态保护、医疗卫生以及社会秩序、信用、法治环境的改善等。政府职能没有很好转换或者转换不到位，关键是干部政绩考核和提拔任用制度不完善。不少地方官员，包括从事妇联、教育、卫生等工作的官员，也分配招商引资指标。以贱卖土地（甚至政府赔本进行土地开发）、越权减免税等办法争取外资，甚至与外商站在一起，侵犯劳动者合法权益。在片面追求GDP增长的驱动下，资源的滥用、环境的污染、生态的破坏，都可以放在一边。不改革这种干部政绩考核体制，就无法建设资源节约型和环境友好型社会。

最后，深化企业改革特别是国有企业改革，形成转变经济增长方式的微观基础。只要产权归属清晰、保护严格，作为市场主体的企业就会自动地追求质量和效益型的经济增长。深化企业改革，要使长期政企不分的国有企业和常常受到歧视的民营企业都成为具有独立的法人财产权、经营决策权，自负盈亏和独立承担风险的法人实体和市场主体，并鼓励、支持非公有制企业参与国有企业改革改组。为此，既要引导民营企业进行制度创新，更要深化国企改革。许多国有企业由于其固有的机制缺损，资源利用效率低下，浪费严重。要继续推进国有经济布局和结构的战略性调整，使国有资本更好地集中在能发挥自身优势的重要行业和关键领域的大企业中，而从一般竞争性行业和中小企业中逐步退出，使资源得到更为有效的利用。对于仍需国有经济控制的领域，要积极推进股份制改革，实行投资主体多元化，以改善公司治理结构。垄断行业的改革需加快推进，积极引进竞争机制，允许新的厂商参与竞争，特别是非自然垄断性业务要放开。对自然垄断性业务则要加强监督，包括安全、环保、价格、普遍服务等监管。即使是自然垄断性业务，有的也可以通过特许经营权拍卖，即通过招标的形式，在某些产业或业务领域（如自来水生产和供应）中让多家企业竞争独家经营权（特许经营权），在达到一定质量要求下，由提供最低报价的企业取得特许经营权。这样，就能使自然垄断性业务也具有一定的竞争性并提高效率。垄断行业资源节约的潜力巨大，搞好垄断行业改革，能大幅度地提高资源配置效率，达到节约和合理使用资源、转变经济增长方式的目的。

此外，深化金融体制改革，完善市场体系和市场秩序，逐步理顺分配关系，提高外贸的质量、效益和利用外资的质量等，这都将使我国经济运行逐步走上转变增长方式、建设资源节约型和环境友好型社会的轨道，从而使我国经济持续地实现快速健康发展。

参考资料

［1］国家统计局. 中国统计摘要2005［M］. 北京：中国统计出版社，2005.

［2］范恒山. 中国改革高层论坛：以政府行政管理体制改革为重点全面推进体制创新［M］. 北京：人民出版社，2006.

主要著作

1.《社会主义经济中的价值、价格、成本和利润》（中国社会科学出版社，1983年）

2.《社会主义价格理论与价格改革》（中国社会科学出版社，1987年）

3.《张卓元选集》（山西人民出版社，1987年）

4.《论我国社会主义有计划的商品经济模式》（江苏人民出版社，1988年）

5.《中国价格结构研究》（与李晓西、边勇壮、石小抗合著，中国社会科学出版社，1988年）

6.《中国价格模式转换的理论与实践》（主编，中国社会科学出版社，1990年）

7.《论中国价格改革与物价问题》（经济管理出版社，1995年）

8.《论稳健的宏观经济政策与市场化改革》（经济管理出版社，1995年）

9.《新价格模式的建立与市场发育的关系》（主编，经济管理出版社，1996年）

10.《面对发展之春》（中国发展出版社，1999年）

11.《论争与发展：中国经济理论50年》（主编，云南人民出版社，1999年）

12.《中国改革开放经验的经济学思考》（主编，经济

管理出版社，2000年）

13. 《论中国所有制改革》（与胡家勇、刘学敏合著，江苏人民出版社，2001年）

14. 《新世纪新阶段中国经济改革》（经济管理出版社，2004年）

15. 《张卓元文集》（上海辞书出版社，2005年）

16. 《张卓元改革论集》（中国发展出版社，2008年）

17. 《中国国有企业改革30年回顾与展望》（与郑海航共同主编，人民出版社，2008年）

18. 《中国经济学30年（1978—2008）》（主编，中国社会科学出版社，2008年）

19. 《中国经济学60年（1949—2009）》（主编，中国社会科学出版社，2009年）

20. 《张卓元经济文选》（中国时代经济出版社，2010年）

21. 《新中国经济学史纲（1949—2011）》（张卓元等著，中国社会科学出版社，2012年）

22. 《20世纪中国知名科学家学术成就概览·经济学卷》（与厉以宁、吴敬琏共同主编，科学出版社，2013年）

23. 《十八大后经济改革与转型》（中国人民大学出版社，2014年）

24. 《经济改革新征程》（社会科学文献出版社，2014年）

25. 《中国改革顶层设计》（中信出版社，2014年）

26.《市场决定的历史突破》（与房汉廷、程锦锥合著，广东经济出版社，2017年）

27.《经济转型与改革攻坚》（中国人民大学出版社，2017年）